EDAF

MADRID - MÉXICO - BUENOS AIRES - SAN JUAN - SANTIAGO

EDAF
MADRID · MÉXICO · BUENOS AIRES · SAN JUAN · SANTIAGO

JOSÉ MARTÍ

OBRA POÉTICA

ISMAELILLO

VERSOS LIBRES

VERSOS SENCILLOS

**Edición, introducción y notas
de J. A. Bueno Álvarez**

BIBLIOTECA EDAF
275

Director de la colección:
MELQUÍADES PRIETO

Diseño de cubierta: GERARDO DOMÍNGUEZ

© Introducción, edición y notas: Juan Antonio Bueno Álvarez
2004. De esta edición, Editorial EDAF, S.A.

Editorial EDAF, S. A.
Jorge Juan, 30. 28001 Madrid
http://www.edaf.net
edaf@edaf.net

Edaf y Morales, S. A.
Oriente, 180, nº 279. Colonia Moctezuma, 2da. Sec.
C. P. 15530. México, D. F.
http://www.edaf-y-morales.com.mx
edafmorales@edaf.net

Edaf del Plata, S. A.
Chile, 2222
1227 - Buenos Aires, Argentina
edafdelplata@edaf.net

Edaf Antillas, Inc
Av. J. T. Piñero, 1594 - Caparra Terrace (00921-1413)
San Juan, Puerto Rico
edafantillas@edaf.net

Edaf Chile, S.A.
Huérfanos, 1178 - Of. 506
Santiago - Chile
edafchile@edaf.net

2ª. edición, junio 2004

Depósito legal: M. 26.115-2004
ISBN: 84-414-1348-7

PRINTED IN SPAIN   IMPRESO EN ESPAÑA
Imprime: Closas-Orcoyen, S.L. Pol. Ind. Igarsa (Paracuellos de Jarama) Madrid

Índice

❧

Índice

Introducción

૨ૹ

1. EN TORNO A JOSÉ MARTÍ

1.1. VIDA

JOSÉ Martí nació en La Habana el 28 de enero de 1853. Fue el primogénito de siete hermanos y el único varón. Sus padres eran inmigrantes españoles de origen humilde. La familia disponía de escasos medios económicos, sobre todo desde que los problemas de salud obligaron al padre a abandonar el ejército. Tras revelar su inteligencia precoz en diversos colegios, el futuro escritor concluyó la enseñanza primaria en la escuela municipal que dirigía Rafael María Mendive, hombre de aficiones poéticas e ideas independentistas que quedó cautivado por el talento de su joven discípulo, al que costeó los posteriores estudios en el instituto de segunda enseñanza de La Habana y sobre el que ejerció una decisiva influencia en esta etapa de formación. Martí asistía con regularidad a las tertulias de carácter político y literario que se celebraban en casa de su maestro.

En 1868 estalla la primera guerra por la independencia de Cuba, que durará diez años. El joven Martí contribuye a la defensa de las ideas revolucionarias participando en la publicación de la revista satírica *El Diablo Cojuelo* y del semanario *Patria Libre*, que no pasarán del primer número. Estas actividades y sus lazos con los insurgentes le conducen a la cárcel el 21 de octubre de 1869. En el juicio, celebrado al año siguiente, se le condena a seis años de prisión, aunque las gestiones desesperadas de su padre logran que se le conmute la pena por la del exilio, que cumple en Isla de Pinos, primero, y en España, después.

En 1871 José Martí llega a España. Durante el viaje comienza la redacción de *El presidio político en Cuba*, que se publica en Madrid ese mismo año. En España se reúne con su amigo Fermín Valdés Domínguez, deportado como él. Durante su estancia en la metrópoli, que durará tres años, reside en Madrid y en Zaragoza, asiste a tertulias, frecuenta bibliotecas, sigue de forma irregular estudios de Derecho y de Filosofía y Letras, participa a través de la prensa en el debate sobre la cuestión cubana y publica el opúsculo *La república española ante la revolución cubana* (1873). Por lo que hace a su vida íntima, los años españoles le deparan amores en Madrid y en Zaragoza; fruto de los primeros, escribe el drama *Adúltera*, sobre sus relaciones con una mujer casada.

En 1874, tras un breve paso por Francia, se instala en México, donde se reúne con su familia. Gracias a su amistad con Manuel Mercado, consigue ingresar en las redacciones de *El Federal* y de la *Revista Universal*. Traduce a Victor Hugo, entabla relaciones con los intelectuales mexicanos más distinguidos y, en 1875, escribe el drama *Amor con amor se paga*. Por la misma época conoce a Carmen Zayas, su futura esposa. En 1876 abandona México tras el triunfo de Porfirio Díaz

Después de una breve visita a su isla natal, llega a Guatemala, donde es nombrado catedrático de Literatura y de Filosofía en la Escuela Central. En este país centroamericano contrae matrimonio con la acaudalada Carmen Zayas. Tras exponer las contradicciones del gobierno liberal de Justo Rufino Barrios en su ensayo *Guatemala* (1878), abandona el país. Beneficiado por la amnistía otorgada por Martínez Campos, regresa a Cuba, transitoriamente apaciguada tras el final de la Guerra de los Diez Años. Ejerce de pasante en el bufete de Miguel Viondi y continúa sus actividades revolucionarias en favor de la independencia, lo que le acarrea de nuevo el exilio.

En 1879 Martí sale por segunda vez hacia España, donde solo permanecerá dos meses. Se instala en Nueva York, primero, y en Venezuela, después. Pero su estancia en Caracas durará poco. Funda y dirige la *Revista Venezolana*, de la que únicamente saldrán dos números, antes de verse obligado a abandonar el país por negarse a elogiar al dictador Guzmán Blanco. En 1881 regresa a Nueva York, ciudad en la que residirá los catorce años siguientes. En 1882 publica en los Estados Unidos *Ismaelillo*, dolorido canto al hijo ausente, pues su mujer, que no compartía su ideal revolucionario, se había negado a seguirle en sus sucesivos exilios. En Nueva York, corto de recursos económicos, Martí ejerce de traductor y trabaja en una oficina. Además, colabora en numerosos periódicos de distintos países. Pero su ocupación principal, aparte de la creación literaria, la constituye la lucha por la independencia de Cuba. Planea la invasión de la isla junto a Máximo Gómez y Antonio Maceo, pero abandona el proyecto en 1884 por temor al militarismo del primero[1]. En estos años escribe gran parte de sus *Versos libres*, que se publicarán póstumamente, y *Flores del destierro*. En 1885 publica la novela *Amistad funesta*, que había compuesto por encargo en una semana[2]. En 1889 edita y escribe la revista infantil *La edad de oro*, de la que solo aparecen cuatro números. En 1891 se publican en Nueva York sus *Versos sencillos*. Paralelamente a su queha-

---

[1] El 20 de octubre de 1884 le escribe una carta a Máximo Gómez en la que, entre otras cosas, le dice lo siguiente: «Un pueblo no se funda, General, como se manda un campamento». (Cf. Roberto Fernández Retamar: *Introducción a José Martí*, Casa de las Américas, La Habana, 1978, pág. 20.)

[2] La obra apareció por entregas en el periódico *Latinoamericano* bajo el seudónimo de Adelaida Ral. Después la publicó con el título de *Lucía Jerez*. Con ambos se conoce hoy a la novela.

cer literario discurren sus actividades diplomáticas: en 1887 recibe el nombramiento como cónsul de Uruguay; tres años después, se convierte también en cónsul de la Argentina. Entre tanto, su vida matrimonial, pese a diversos intentos de reconciliación, se rompe definitivamente en 1891. Martí halla consuelo en la viuda cubana Carmen Mirayes, en cuyas casas de huéspedes había vivido el poeta y en quien encuentra apoyo para su lucha política.

Los últimos años de José Martí están consagrados a la causa independentista, que nunca había abandonado. Cesan sus colaboraciones periodísticas y se retira de la presidencia de la Sociedad Literaria Hispanoamericana. El 5 de enero de 1892 se aprueban en Cayo Hueso las Bases del Partido Revolucionario Cubano, del que Martí será elegido delegado. Ha comenzado la última fase de la independencia cubana, cuya lucha ya no conocerá tregua. Martí regresa a Nueva York y funda *Patria*, concebido como un órgano de expresión de las ideas soberanistas. Debilitada su salud, viaja incansablemente para organizar la causa de la independencia. En Santo Domingo se reúne con su viejo amigo Máximo Gómez, con el que se reconcilia tras ocho años de separación. En Costa Rica se entrevista con otro viejo amigo: Antonio Maceo. En 1893, en un paréntesis de su trabajo revolucionario, conoce en Nueva York a Rubén Darío, quien lo consideraba un maestro. En 1894 viaja a México para recaudar fondos. Preparada la insurrección, el 10 de enero de 1895, por culpa de la posible traición de uno de los hombres que han

participado en la compra de armas para los insurgentes, son apresados en el puerto floridano de Fernandi-
na tres barcos cargados de armamento con des-tino a
Cuba. Gracias a las gestiones de un abogado norteamericano amigo del poeta, se recupera parte del arse-
nal. El 30 de enero Martí parte rumbo a Santo Domingo, donde se reúne con Máximo Gómez. El 25 de
marzo, con la guerra ya declarada en diversos puntos de Cuba, Gómez y Martí lanzan el Manifiesto de
Montecristi (así llamado por el lugar de Santo Domingo en el que fue firmado). El 11 de abril, desde Haití,
acompañados de otros cuatro revolucionarios, Gómez
y Martí embarcan hacia Cuba. Tras una travesía llena
de peligros que los tiene varias veces a punto de zozo-
brar, tocan tierra cubana en Playitas, al sur de la pro-
vincia de Oriente, y establecen rápido contacto con
los insurrectos del interior. Gómez y Martí vuelven a
disputar por la cuestión del militarismo, pero la crude-
za de la guerra ayuda a apaciguar las discrepancias.
Martí, por donde pasa, es recibido al grito de presidente. El 19 de mayo de 1895, cerca de Dos Ríos, una
bala hiere mortalmente al poeta. Sus compañeros no
pueden recuperar el cadáver, que es enterrado por los
españoles en Santiago de Cuba.

1.2. IDEAS POLÍTICAS, SOCIALES Y ESTÉTICAS

En José Martí confluyen el artista, el pensador y el
hombre de acción, lo que ha contribuido a que su fi-

gura y su obra se hayan convertido a menudo en símbolo y en bandera objeto de interpretaciones más o menos sesgadas[3]. Trataremos a continuación de resumir apretadamente algunos de los aspectos más notables de su pensamiento, que ayudarán a comprender mejor su poesía.

El pensamiento político del joven Martí se alimentó del liberalismo y de los ideales ilustrados franceses. En esta primera época, ya firme partidario de un independentismo que no hacía sino ganar adeptos en la isla, observaba con simpatía a los Estados Unidos y desconfiaba del socialismo. Sus viajes por el continente afirmaron también un americanismo cada vez más profundo. En el discurso *Madre América* (1889), pronunciado en Washington ante los delegados de la Conferencia Monetaria Internacional, y, sobre todo, en el ensayo *Nuestra América* (1891), se duele de las lacras que afectan a los países hispanoamericanos y proclama la necesidad de emprender una política propia, una política que tenga en cuenta las condiciones naturales y sociales en las que ha de desarrollarse.

---

[3] Uno de los estudios más clásicos sobre José Martí (Ezequiel Martínez Estrada: *Martí revolucionario*, Casa de las Américas, La Habana, 1967) contiene, junto a una pormenorizada biografía, un estudio casi hagiográfico de la personalidad del escritor, al que presenta como un compendio de virtudes, entre las que destacan el alto grado de la inteligencia, de la voluntad y del sentimiento. Por su parte, Roberto Fernández Retamar, cuya *Introducción a José Martí* es otra obra muy citada en los estudios martianos, trata de demostrar el parentesco del libertador cubano con Marx, Lenin y Ho Chi Minh.

Martí simpatizaba con los socialistas utópicos, a los que había leído, y en general con aquellos que defendían la causa de los pobres. Estas ideas quedan fielmente expresadas en su ensayo *Guatemala* (1878), en el que denuncia las condiciones de explotación en que viven los campesinos indios, sin que el gobierno del liberal Justo Rufino Barrios haga nada por aliviar una situación próxima a la esclavitud. Queda así plasmada la idea central del pensamiento martiano: la defensa incondicional de la libertad.

Asimismo, en esta obra y en artículos como *Mi raza* (1893) expresa sus firmes convicciones antirracistas.

La prolongada estancia de Martí en los Estados Unidos, en los que vivió los últimos catorce años de su vida, modificó su inicial entusiasmo por la sociedad norteamericana, de la que criticó especialmente las condiciones de trabajo del proletariado. A medida que se consagraba a la lucha por la independencia de Cuba, advertía también del creciente peligro de que el yugo español fuera sustituido por el del vecino del norte. Nace así un pensamiento que podríamos calificar de antiimperialista, como demuestra la siguiente cita:

> ... el pretexto de que la civilización, que es el nombre vulgar con que corre el estado actual del hombre europeo, tiene derecho natural de apoderarse de la tierra ajena perteneciente a la barbarie, que es el nombre que los que desean la tierra ajena dan

al estado actual de todo hombre que no es de Europa o de la América europea: como si cabeza por cabeza, y corazón por corazón, valiera más un estrujador de irlandeses o un cañoneador de cipayos, que uno de esos prudentes, amorosos y desinteresados árabes que sin escarmentar por la derrota o amilanarse ante el número, defienden la tierra patria, con la esperanza en Alá, en cada mano una lanza y una pistola entre los dientes[4].

Aunque Martí se había mostrado defensor de la democracia estadounidense, en la que encontraba un modelo de sus anhelos republicanos, pronto denunció la que consideraba progresiva degeneración de un sistema igualitario:

> Esta República, por el culto desmedido a la riqueza, ha caído, sin ninguna de las trabas de la tradición, en la desigualdad, injusticia y violencia de los países monárquicos[5].

La causa de la independencia cubana, a la que Martí había dedicado tantos esfuerzos y tantas páginas, vertebra el Manifiesto de Montecristi (1895), la proclama del Partido Revolucionario Cubano en la que se declara la voluntad de emprender la guerra

---

[4] José Martí: «Una distribución de diplomas en un colegio de los Estados Unidos» (1883), en *Obras completas*, Ciencias Sociales, La Habana, 1975, VIII, pág. 442.

[5] José Martí: «Un drama terrible. La guerra social en Chicago» (1887), en *Obras completas*, XI, pág. 335.

definitiva contra el colonialismo español. El Manifiesto, escrito por el poeta, fue firmado por el propio Martí —como Delegado del PRC— y por el general Máximo Gómez —como responsable militar[6]. El texto expresa las ideas democráticas y humanitaristas de José Martí, que proponía tender una mano a los españoles radicados en la isla y a los soldados de la metrópoli, a los que no hacía responsables de la situación cubana. El combate se libraba contra una política caduca que Martí identificaba con los intereses de la minoría oligárquica que ejercía el gobierno en España. También expresa su firme propósito de que el futuro libre de Cuba no engendre la tiranía ni el desorden[7]. Igualmente, rechaza la desconfianza hacia los negros, a los que considera compatriotas con los mismos derechos que los descendientes de los europeos.

---

[6] El recelo de Martí sobre el militarismo era antiguo. El 3 de abril de 1875, escribe en su diario de campaña: «No hay para un hombre peor injuria que la virtud que él no posee. El ignorante pretencioso es como el cobarde, que para disimular su miedo da voces en la sombra. La indulgencia es la señal más segura de la superioridad. La autoridad ejercitada sin causa ni objeto denuncia en quien la prodiga falta de autoridad verdadera». (Cf. Ezequiel Martínez Estrada, *op. cit.*, pág. 317.)

[7] Durante su estancia en los Estados Unidos, Martí había condenado la violencia de los atentados anarquistas. En el Manifiesto de Montecristi habla en más de una ocasión de emprender una «guerra culta», que para él sería aquella que alumbrara un gobierno justo y democrático, respetuoso con las ideas y las propiedades de las personas. No hay que olvidar la influencia de los ideales ilustrados en la formación de José Martí.

Martí, en consonancia con su ideal político, también era un revolucionario en el arte. Conoció las escuelas parnasiana y simbolista, aunque expresó reservas sobre la última, a la que consideraba falta de emoción. A la manera de los modernistas, admiró la pintura y la música, y trató de incorporar los procedimientos de ambas a su obra poética y a su prosa. En sus versos resuena la voz de los clásicos españoles y de Bécquer, a los que conocía bien. Su ideal literario era el de la belleza, aunque trató de conjugarlo con el compromiso y con el patriotismo. A este respecto, se pueden observar algunas contradicciones entre lo que declaraba en un momento de su vida y en otro. Incluso, llegó a considerar la creación literaria como una tarea menor, muy por debajo de la lucha política que le absorbía. En una carta a un amigo, confiesa hablando de *Ismaelillo*:

«Usted sabe que no es mi espíritu muy dado a estos pacíficos y secundarios quehaceres.» Y en otra carta, en este caso a su hermana Amelia, afirma que las novelas vulgares, «y apenas hay novela que no lo sea», las componen «escritores que escriben novelas porque no son capaces de escribir cosas más altas»[8].

---

[8] Ambas citas proceden de Roberto Fernández Retamar, *op. cit.*, pág. 74.

2. OBRA DE JOSÉ MARTÍ

2.1. CLASIFICACIÓN DE LA OBRA

Dentro de la creación literaria de José Martí destaca su poesía, compuesta por cuatro libros (*Ismaelillo*, *Versos libres*, *Versos sencillos* —de los que nos ocuparemos en los epígrafes siguientes— y *Flores del destierro*), así como por un gran número de poemas no incluidos en las obras anteriores y cuya valía artística, en general, resulta menor. De *Flores del destierro*, volumen más heterogéneo que los otros tres, no existe constancia de que el poeta lo concibiera tal y como apareció póstumamente en 1933[9]. Especialmente vinculado con *Versos libres*, presenta como temas principales el destierro, la indagación metapoética y la exaltación de la noche. Las composiciones que lo integran fueron escritas entre 1878 y 1895. El poemario quedó inédito a la muerte del escritor, si bien en un posible prólogo confesaba la voluntad de publicarlo, aunque reconocía que se trataba de poemas sin terminar[10].

---

[9] Fue incluido en el tomo XVI de *Obras del maestro*, edición de Gonzalo Quesada y Miranda, Molina y Cía., La Habana, 1933.

[10] «Estas que ofrezco, no son composiciones acabadas: son, ay de mí!, notas de imágenes tomadas al vuelo [...] Por qué las publico , no sé; tengo un miedo pueril de no publicarlas ahora. Yo desdeño todo lo mío: y a estos versos, atormentados y rebeldes, sombríos y querellosos, lo mismo, y los amo.» (Hemos respetado la peculiar puntuación del poeta, según figura en José Martí: *Poesía completa*, Alianza Editorial, Madrid, 1995, página 201, edición de Carlos Javier Morales.)

La prosa de ficción de José Martí comprende una única novela: *Amistad funesta* (1885), publicada bajo el seudónimo de Adelaida Ral, ya que el escritor no reconocía méritos en la obra. Al cambiar de parecer, la editó con un título distinto: *Lucía Jerez*. La novela, que desarrolla una trama sobre los celos infundados que siente la protagonista femenina, supone una prolongación de los resabios románticos, aunque en las descripciones se observa una nueva sensibilidad que anuncia la prosa modernista. De particular interés resulta el trazo del protagonista masculino, Juan Jerez, un abogado intelectual que parece esconder rasgos de la propia personalidad del escritor. Aparte de *Lucía Jerez*, José Martí escribió una serie de cuentos infantiles (algunos de invención propia; otros, traducidos o adaptados), publicados en la revista *La edad de oro*. Los relatos, alentados por un propósito didáctico, suponen el primer intento de escribir una literatura para niños en español.

El grueso de la prosa de José Martí lo constituyen sus crónicas y artículos periodísticos, escritos en español, inglés y francés. Se inició en el periodismo a la temprana edad de dieciséis años en la revista cubana *El Diablo Cojuelo*. Después, sus colaboraciones aparecieron en las principales publicaciones de América. Fue asiduo en las páginas de *La Nación*, de Buenos Aires, por entonces el diario más influyente de Hispanoamérica. Buena parte de su obra aparecida en la prensa desarrolla sus ideas políticas: la defensa de la libertad, la reclamación de la igualdad social y la necesidad de que la América Hispana encuentre su propio camino, independiente de los modelos y de las imposiciones de las naciones desarrolladas. También dedicó muchas páginas a la realidad norteamericana y europea. Se mostró siempre afectuoso e interesado por España, aunque muy crítico con las instituciones y con la política oficial. Asimismo, resultan notables sus artículos sobre temas artísticos. Se ocupó de la pintura, de la música y de la literatura, pero siempre como un crítico benévolo y alejado de cualquier academicismo. De particular interés resultan sus diarios, escritos en un tono íntimo y sin pretensiones literarias. Destacan, por su importancia histórica, las páginas escritas en los días previos a su muerte, en las que refiere los preparativos de la guerra y la guerra misma.

Por otra parte, el exilio le obligó a utilizar profusamente la correspondencia privada para mantener la relación con amigos y familiares. Aunque buena parte de las cartas no ha podido recuperarse, se conserva un abundante epistolario.

En la prosa de Martí se funden el clasicismo y las escuelas finiseculares francesas. La frase breve y la descripción impresionista y certera encontraron en la forja del periodismo el mejor medio para afinarse. Junto al colorismo, la musicalidad y el ritmo, impresionaron vivamente al joven Rubén, que tomó al cubano como uno de sus modelos. Ambos constituyeron así dos eslabones imprescindibles en la revolución modernista.

Por último, hemos de referirnos a la producción dramática de Martí, inferior a su poesía y a su prosa. Escribió, además de las piezas *Abdala*, *Adúltera* y *Patria y libertad*, la obra en verso *Amor con amor se paga*, que obtuvo un resonante éxito al ser estrenada en el Teatro Principal de México en 1875.

2.2. *ISMAELILLO*

Las quince composiciones que forman este poemario fueron escritas durante el exilio en Caracas, y publicadas poco después en Nueva York (1882). El motivo que las inspira es el recuerdo del hijo ausente, aunque Martí, partiendo de esa nostalgia, se remonta hacia otros territorios y consigue una obra de singular originalidad. Todos los poemas se refieren al hijo que se ha quedado con su madre en Cuba, pero lo hacen de un modo complejo que desborda la simple evocación, si bien no por ello pierden una fuerte carga emotiva. El hijo está presente desde los primeros versos: es el *príncipe enano* que da título al poema inicial, y también *mi caballero*, *mi tirano*, *mi dueño*, *el monarca de mi pecho*, *un diablillo*, *mi diablo ángel*, *un rey desnudo* y, por supuesto, *Ismaelillo*, el primogénito de Abraham y de Agar que, según la historia bíblica, fue expulsado por la esposa legítima de Abraham, Sara.

El rasgo fundamental de *Ismaelillo* es el carácter onírico de las imágenes. Martí, fundido con su hijo, pues él le hace renacer y le infunde nueva vida y nuevos bríos, se intrinca en abismos de lucha y de dolor, cruza los mares, emprende feroz combate contra enemigos colosales. Así ocurre, por ejemplo, en uno de los poemas más logrados, «Tábanos fieros», al que pertenecen estos versos:

> Venid, tábanos fieros,
> Venid, chacales,
> Y muevan trompa y diente
> Y en horda ataquen,
> Y cual tigre a bisonte
> Sítienme y salten!

Otras veces el poeta confiesa soñar despierto para, cruzando el mar, reunirse con el hijo ausente («Sueño despierto»). Pero no es este pacífico y privado propósito el que domina a Martí, que a menudo se sirve de la experiencia onírica para expresar su ideario de lucha por la libertad. El poeta se desespera porque la llama que arde en su pecho a nadie sirve, y así se lo revela a su hijo:

> Hijo, en tu busca
> Cruzo los mares:
> Las olas buenas
> A ti me traen:
> Los aires frescos
> Limpian mis carnes
> De los gusanos

> De las ciudades;
> Pero voy triste
> Porque en los mares
> Por nadie puedo
> Verter mi sangre.
>
> («Amor errante»)

Remontando los mares —imagen frecuente— puede observar la pequeñez del mundo desde su atalaya poética. Y así puede también medir a los hombres:

> Y ven lo que yo veo:
> ¿Qué el mundo frágil?
> Seres hay de montaña,
> Seres de valle.
> Y seres de pantanos
> Y lodazales.
>
> («Musa traviesa»)

Martí exhorta a su hijo para que no se deje vencer por el materialismo, y lo hace con el apasionamiento y la decisión del hombre que ha instalado la lucha por la libertad en el centro de su vida. No quiere que su hijo, símbolo de las generaciones futuras, repita el ciclo de sumisión del presente. En «Mi reyecillo», tras repasar de forma vertiginosa la historia de los pueblos antiguos, escribe: *Rey tiene el hombre, / Rey amarillo: / ¡Mal van los hombres / con su dominio!* Y acaba el poema afirmando el valor de una vida

25

consagrada a los ideales, pues es preferible la muerte a vivir de espaldas a ellos: *Mas si amar piensas / el amarillo / Rey de los hombres, / ¡Muere conmigo! / ¿Vivir impuro? / ¡No vivas, hijo!*

Pero no debe entenderse que el único propósito que anima a Martí es de índole política. El escritor cubano era consciente de la renovación que estaba gestando en la poesía española. Ya hemos dicho que el rasgo más sobresaliente de *Ismaelillo* es el carácter onírico de la mayor parte de sus composiciones, repletas de imágenes visionarias, de imaginativos viajes en los que el poeta se purifica mediante el dolor y la lucha. Para él, el valor del acto creador era indiscutible, pues se constituye en auténtico acto de conocimiento, lo que supone una novedad en la poesía hispánica de la época.

Sin renunciar a los procedimientos propios de la poesía romántica[11], a la que le une el dramatismo y la exaltación, se adentra en inexplorados caminos mediante las visiones alucinadas que terminan por conformar una nueva y fructífera realidad: la propia realidad literaria que hallamos en sus versos. Y como los románticos, reclama la libertad creadora, la firme decisión de no someterse a las reglas de los preceptistas:

---

[11] Carlos Javier Morales, en la introducción a José Martí, *op. cit.*, pág. 9, señala: «Nuestro autor, filosófica y estéticamente, se halla inserto en la tradición romántica surgida en el último tercio del XVIII, triunfante en las primeras décadas del XIX y modernizada en la segunda mitad de este siglo según la demanda de los tiempos».

De águilas diminutas
Puéblase el aire:
¡Son las ideas, que ascienden,
Rotas sus cárceles!

(«Musa traviesa»)

En los versos de *Ismaelillo*, todos ellos de arte
menor y de ritmo generalmente muy rápido, suena,
aparte de la poesía romántica, la tradición de la líri-
ca popular castellana. Pero estas deudas formales
no impidieron la novedad de la obra, pues lo que
varía profundamente es el tratamiento de los temas.
Aunque Martí ocupa un puesto singular en la poesía
modernista[12], alejado del esteticismo, de las prin-

---

[12] No entraremos aquí en la discusión académica sobre si Martí
fue un modernista pleno o solo un precursor. Por distintas razones,
Juan Marinello (*Sobre el Modernismo. Polémica y definición*, Universidad Autónoma de México, México, 1959) y Arturo Torres-
Rioseco (*Los precursores del Modernismo*, Las Américas Publishing Company, Nueva York, 1963) lo dejan fuera del movimiento.
Con un criterio más amplio, expresan la opinión contraria Manuel
Pedro González (*Notas en torno al Modernismo*, Universidad Autónoma de México, México, 1958) e Ivan A. Schulman («Reflexio-
nes en torno a la definición de modernismo», en Lily Litvak:
El modernismo. El escritor y la crítica, Taurus, Madrid, 1975).
De forma rotunda, Ignacio Zuleta (*La polémica modernista: el Modernismo de mar a mar*, Instituto Caro y Cuervo, Bogotá, 1988,
pág. 30), afirma que el Modernismo en lengua española tiene «un
punto de partida claro: la publicación del *Ismaelillo* en 1882». Estos críticos, junto a otros como Ricardo Gullón *(Direcciones del
Modernismo*, Gredos, Madrid, 1963), han abierto la senda que considera el Modernismo como una época heterogénea en la que caben
distintas tendencias y en la que cabe, por supuesto, José Martí.

cesas y de los cisnes que caracterizaron la obra de otros poetas de la época o inmediatamente posteriores, también hallamos ejemplos que lo acercan a las evocaciones de ambientes lujosos tan presentes en otros autores. Pero como ocurre en la composición titulada «Tórtola blanca», Martí adopta un punto de vista crítico, el del observador que describe las frivolidades de un baile celebrado en un salón que imaginamos, sin esfuerzo, aristocrático. El poeta, o su yo poético, queda finalmente conmocionado por la aparición imprevista y maravillosa del hijo (*Que el balcón azotan / Dos alitas blancas / Que llenas de miedo / Temblando me llaman*), lo que acentúa el alejamiento respecto del ambiente en el que discurre la fiesta.

2.3. *VERSOS LIBRES*

A la vez que escribía los poemas de *Ismaelillo*, Martí trabajaba en un libro más complejo, dolorido y audaz, *Versos libres*, que terminó en el exilio de Nueva York en 1882. Pero la obra quedó inédita a su muerte y no vio la luz hasta 1913, gracias al empeño de su discípulo y amigo Gonzalo de Quesada y Aróstegui [13].

---

[13] Según recoge Ivan A. Schulman en su introducción a *Ismaelillo, Versos sencillos, Versos libres* (Madrid, Cátedra, 1982, página 53), en 1895, poco antes de morir, Martí escribió a Quesada y Aróstegui encomendándole que publicara agrupados «*Ismaelillo, Versos sencillos* y lo más cuidado o significativo de unos *Versos*

En las palabras en prosa que anteceden al poemario, Martí, consciente de la novedad de la obra, declara: *Estos son mis versos. Son como son. A nadie los pedí prestados*. A continuación expresa la sinceridad que los alienta, nacida del dolor y del desgarro: *Ninguno me ha salido recalentado, artificioso, recompuesto, de la mente; sino como las lágrimas salen de los ojos y la sangre a borbotones de la herida*. Por último, asunto sobre el que volverá en varias composiciones, se rebela contra las coerciones de los preceptistas y afirma orgullosamente su derecho a la libertad creadora: *Van escritos, no en tinta de academia, sino en mi propia sangre*. Estas confesiones con sabor a manifiesto podrían hacer pensar en una obra improvisada, en una catarsis que le redimiera de las penalidades del exilio. Y cierto es que en *Versos libres* hay mucho dolor, pero siempre dentro de un cauce poético de notable unidad y de suma tensión y perfección literarias.

Versos libres se organiza en torno a tres principios directores: el dolor, el amor y el deber, compendio de la filosofía martiana[14]. Para Martí el dolor y el sufri-

---

libres que tiene Carmita» (Carmen Mantilla, la mujer con la que vivió el poeta en Nueva York). Cuando en 1913 su amigo cumplió el encargo, no pudo resolver el laberinto textual (omisiones, títulos dudosos, etc.) de una obra que, casi un siglo después, sigue presentando enigmas y dudas para los estudiosos de la poesía del escritor cubano.

[14] Según José Olivio Jiménez, en «Un ensayo de ordenación trascendente de los *Versos libres* de José Martí», Revista Hispánica Moderna, xxxiv, 1969, pág. 681, circunstancia, naturaleza y

miento eran una necesidad, un medio de purificarse. Le duele la amargura del exilio, que equipara a la muerte: *Tiranos: desterrad a los que alcanzan / El honor de vuestro odio: ya son muertos!* («Hierro»), porque no es posible la felicidad despojado de su tierra: *¿Casa dije? no hay casa en tierra ajena!...* («No, música tenaz!»). A veces el dolor se muestra en duras imprecaciones contra sí mismo, como en «Media noche», pues no es capaz de cumplir la misión de lucha sin desmayo que se ha asignado:

> No en vano por las calles titubeo
> Ebrio de un vino amargo, cual quien busca
> Fosa ignorada donde hundirse, y nadie
> Su crimen grande y su ignominia sepa!
> No en vano el corazón me tiembla ansioso
> Como el pecho sin calma de un malvado!

Pero el sufrimiento nunca es bastante, Martí se desgarra y pide que el dolor aumente, pues es el único medio que le acercará a la virtud:

> ¡Tengo sed —mas de un vino que en la tierra
> No se sabe beber! ¡No he padecido
> Bastante aún, para romper el muro
> Que me aparta ¡oh dolor! de mi viñedo!
>
> («Amor de ciudad grande»)

---

trascendencia son los términos que describen la materia argumental de la obra, a los que se añaden tres *móviles rectores* que completan el anhelo trascendente del poeta: el dolor, el amor y el deber.

Vigorosamente, en otras ocasiones, se rebela contra la expresión del propio dolor, pues *Quejarme no me quejo: es de lacayos*, aunque reconoce a continuación que vive *Cual si mi ser entero en un agudo / Desgarrador sollozo se exhalara* («He vivido: me he muerto»). Alguna vez le flaquea tanto el ánimo que su diatriba no se para en los tiranos o en las fuerzas telúricas que parecen asediarle, sino que clama contra el género humano sin excepción: *Conozco al hombre, y lo he encontrado malo* («Yo sacaré lo que en el pecho tengo»). Con patetismo romántico, tras pensar en el hijo ausente, afirma en «Canto de otoño», poema en el que suena también como un eco de la voz de Quevedo, que ... *Mujer más bella / No hay que la Muerte!: por un beso suyo / Bosques espesos de laureles varios, / Y las adelfas del amor, y el gozo / De remembrarme mis niñeces diera!*

El amor, segundo de los principios directores de *Versos libres*, actúa como contrapeso del dolor intenso al que acabamos de referirnos, aunque, comparativamente, su presencia en la obra es mucho menor. Aparte de ciertas referencias a su hijo y de la defensa de la idea del amor a los otros como justificación del sentido de la vida, la expresión del amor domina las composiciones tituladas «Copa con alas» y «Árbol de mi alma». En la primera confiesa que en brazos de una mujer se disipan los sufrimientos, si bien intuimos que se trata solo de un breve refugio:

31

> Sentí que a mí abrazándote, abrazaba!
> Perdí el mundo de vista, y sus ruidos
> Y su envidiosa y bárbara batalla!
> Una copa en los aires ascendía
> Y yo, en brazos no vistos reclinado
> Tras ella, asido de sus dulces bordes:
> Por el espacio azul me remontaba!

En otra ocasión, en el poema «A los espacios», comienza aludiendo a un mundo plácido al que quiere entregarse, *Pero las voces de los hombres echan / De junto a mí las nobles aves de oro.*

El deber, tercer principio director de la obra, se muestra en íntima relación con el dolor, pues solo mediante el sufrimiento y la lucha desinteresada podrá justificarse la vida humana. El deber se presenta siempre arropado por la virtud, y su consecuencia es una existencia recia, apartada de los placeres mundanos. El que viva alejado del dolor y del deber, ... *irá confuso / Del frío y torvo juez a la sentencia, / Cual soldado cobarde que en su herrumbre / Dejó las nobles armas...* («Canto de otoño»). A menudo, Martí contrapone en enérgico verso el vicio y la virtud, como en el siguiente ejemplo en el que destacan las imágenes de guerra:

> Panoplia al hombre aguarda, donde lucen,
> Cual daga cruel que hiere al que la blande,
> Los vicios, y cual límpidos escudos
> Las virtudes: la vida es la ancha arena,
> Y los hombres esclavos gladiadores
>
> («Pollice verso»)

Por último, un grupo de composiciones tiene carácter metapoético. Significativamente, en el poema que abre la obra, «Académica», Martí declara su frontal oposición al academicismo y su orgullosa defensa de la libertad creativa. El nuevo arte necesita también nuevos cauces formales, por lo que rechaza los solemnes metros tradicionales, ya que sus versos *Poesía son y estrofa alada, y grito / Que ni en tercetos ni en octava estrecha / Ni en remilgados serventesios caben* («Estrofa nueva»). También la rima (en «Cuentan que antaño») y el preciosismo (en «Mi poesía») reciben su severa impugnación.

2.4. *VERSOS SENCILLOS*

Como declara en el breve prólogo que puso a la obra, Martí escribió *Versos sencillos* angustiado por las intenciones hegemónicas estadounidenses manifestadas en la Conferencia Monetaria Internacional, que se celebraba en Washington y en la que el poeta participaba como delegado del Uruguay. En el invierno de 1890, por prescripción facultativa, se recluyó en las montañas Catskill, cerca de Nueva York, *porque me echó el médico al monte: corrían arroyos, y se cerraban las nubes: escribí veros*. Así nacieron los *Versos sencillos*, publicados poco después, en 1891.

Frente a la novedad métrica de *Versos libres*, *Versos sencillos*, obra escrita en plena madurez expresiva, significa un retorno a las formas tradicionales. Las cuarenta y seis composiciones del poemario, todas ellas sin título e introducidas tan solo por números romanos, están formadas por octosílabos de rima casi siempre consonante y con predominio de las cuartetas y de las redondillas, aunque no se excluyen otras combinaciones. La sencillez de la forma se relaciona con la relativa sencillez de lo que se expresa, menos atormentado y oscuro que en los libros anteriores, como si el poeta, aun sin renunciar a lo colectivo, transitase por una senda más sosegada e íntima. El elemento unificador de la obra es el recuerdo, en el que no faltan el canto emotivo por la patria lejana ni el dolor que el exilio le causa, pero en cualquier caso el tono es menos sombrío que en *Versos libres*.

Particular importancia posee el poema inicial (I), en el que Martí comienza con la premonición de su muerte cercana: *Yo soy un hombre sincero / De donde crece la palma, / Y antes de morirme quiero / Echar mis versos del alma.* Tras esta sucinta presentación, el poeta, instalado ya en una madurez más sosegada que la de sus libros anteriores, da fe de su conocimiento del mundo, de sus ideas, de su afán universalista (*Yo vengo de todas partes, / Y hacia todas partes voy*) y de su poética, resumida en la última estrofa: *Callo, y entiendo, y me quito / la pompa del rimador: / Cuelgo de un árbol marchito / Mi muceta de doctor.* Este poema y el siguiente (II) sirven de introducción al resto de la obra: los lectores quedamos persuadidos de que lo que sigue es el testamento íntimo e ideológico de un hombre entregado a la vida, que ha pasado por ella víctima del dolor, pero también herido de una singular lucidez. En III, asistimos a un elogio de la vida retirada y a una exaltación de la vida en contacto con la naturaleza que, inevitablemente, nos trae el recuerdo de Fray Luis de León. Martí opone la tranquilidad del campo, sus riquezas espirituales, sencillas y auténticas al oropel del dinero, recuperando el discurso antimaterialista que gobernaba los *Versos libres*: *Yo he visto el oro hecho tierra / Barbullendo en la redoma: / Prefiero estar en la sierra / Cuando vuela una paloma.*

Muchos poemas tienen como motivo principal el recuerdo, casi siempre melancólico pero con un tono alejado de la fiebre y del patetismo de los *Versos libres*. Unas veces rememora la familia ausente (como en VI, donde evoca a una de sus seis hermanas); otras, los lejanos y juveniles días de su exilio en España (en VII recupera la memoria de Aragón, donde vivió un breve periodo); en alguna ocasión (en IX), se abisma en episodios oscuros de su vida, como la niña de Guatemala que murió de amor[15]. Y tampoco faltan las evocaciones de los días de lucha en favor de la independencia de Cuba (XXVII, por ejemplo).

---

[15] La niña de Guatemala de este poema fue, según Ivan A. Schulman, en *José Martí, op. cit.*, pág. 188, María García Granados, a la que conoció en Guatemala y de la que no estaba enamorado, pese a lo que puedan indicar los versos finales del poema.

Aunque los poemas de clara intención política son menos numerosos que en *Versos libres* e, incluso, que en *Ismaelillo*, abundan igualmente las referencias a la libertad y al patriotismo, conceptos que en el ideario martiano se funden en uno solo. En XXXIV, proclama con rotundidad: *Yo sé de un pesar profundo / Entre las penas sin nombres: / ¡La esclavitud de los hombres / Es la gran pena del mundo!* En X, la memoria rescata la actuación primorosa de una bailarina española a la que vio actuar en su juventud. Martí se siente conmovido por la gracia de la artista, pero no hubiera podido disfrutarla de no haber mediado un acontecimiento de fuerte carga simbólica: *Han hecho bien en quitar / El banderón de la acera; / Porque si está la bandera, / No sé, yo no puedo entrar.* Y cuando recuerda al hijo, poco presente en la obra, es para exhortarle a mantener los ideales: *Vamos, pues, hijo viril: / Vamos los dos: si yo muero, / Me besas: si tú... ¡prefiero / Verte muerto a verte vil!* (XXXI).

Junto al recuerdo aparecen algunas referencias al presente (ya vimos que en III, al exaltar la vida en el campo como símbolo de la libertad, recogía las circunstancias de su provisional retiro en las montañas Catskill). Los celos, finalmente infundados según confiesa en la tercera estrofa, son el motivo de XIX. Y el amor por el arte, o por la mujer casada que aparece pintada en un cuadro familiar, pues ambas posibilidades son lecturas posibles, es el tema de XXI, poema de honda raíz becqueriana. Por último, en la composición que cierra la obra (XLVI), Martí confiesa que la poesía le ofrece un consuelo que no halla en otro lugar: *Yo te quiero, verso amigo, / Porque cuando siento el pecho / Ya muy cargado y deshecho, / Parto la carga contigo.* Y acaba la composición con una estrofa que resulta premonitoria, pues más de un siglo después de su muerte, el poeta cubano y su obra siguen interesando a los lectores de las dos orillas del idioma:

> ¡Verso, nos hablan de un Dios
> A donde van los difuntos:
> Verso, o nos condenan juntos,
> O nos salvamos los dos!

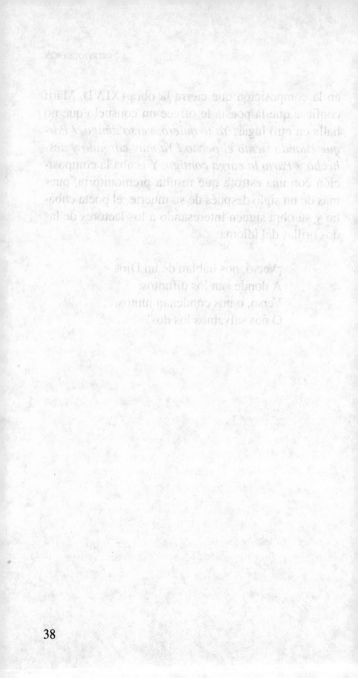

Nuestra edición

❧

TANTO *Ismaelillo* como *Versos sencillos* vieron la luz en vida de José Martí, por lo que el poeta pudo cuidar la publicación y evitar errores y omisiones. *Ismaelillo* apareció en 1882, en Thompson y Moreau, Nueva York; *Versos sencillos* lo hizo en 1891, en Louis Weiss & Co., también en Nueva York. Para los textos de ambos libros seguimos las ediciones de Ivan A. Schulman y de Carlos Javier Morales, recogidas en la bibliografía. A ambos queremos expresar nuestro agradecimiento y nuestra deuda.

Mucho más complicado es el caso de *Versos libres*, obra que quedó inédita a la muerte del poeta. Desde que se publicó por primera vez en 1913, al cuidado de Quesada y Aróstegui, se han sucedido las ediciones que tratan de solucionar los muchos problemas del libro: poemas de título incierto, palabras tachadas o ilegibles, etc. Tampoco hay acuerdo en la ordenación de las composiciones. Antes que ofrecer una nueva y arriesgada versión, hemos preferido seguir la que nos parece más solvente, la de Ivan A. Schulman, sin que ello reste mérito a las demás. Como comprobará el lector, en ocasiones no queda más remedio que dejar un hueco en blanco que afecta a una parte de un verso o a versos enteros, pues no hay posibilidad de suponer lo que falta.

Hemos respetado la peculiar puntuación de Martí, muy dado a un uso no convencional de los dos puntos y a suprimir los signos de apertura de la admiración y de la interrogación. Así lo quiso el poeta y así debe ser.

Bibliografía

ૠ

Antología crítica de José Martí, edición de Manuel Pedro González, Cultura, México, 1960.

ARMAS, Emilio de: *Un deslinde necesario*, Arte y Literatura, La Habana, 1978.

AUGIER, Ángel: *Acción y poesía en José Martí*, Letras Cubanas, La Habana, 1982.

ESTEBAN, Ángel: *La modernidad literaria de Bécquer a Martí*, Impredisur, Granada, 1992.

FERNÁNDEZ RETAMAR, Roberto: *Introducción a José Martí*, Casa de las Américas, Centro de Estudios Martianos, La Habana, 1978.

GONZÁLEZ, Manuel Pedro: *José Martí en el octogésimo aniversario de la iniciación modernista*, Ministerio de Educación, Biblioteca Venezolana de Cultura, Caracas, 1962.

JIMÉNEZ, José Olivio: *La raíz y el ala: aproximaciones críticas a la obra literaria de José Martí*, Pretextos, Valencia, 1993.

MARINELLO, Juan: «Martí: Poesía», *Anuario Martiano,* I (1969), págs. 117-165.

MÁRQUEZ STERLING, Carlos: *José Martí: síntesis de una vida extraordinaria*, Porrúa, México, 1982.

MARTÍ, José: *Ismaelillo. Versos libres. Versos sencillos*, Cátedra, Madrid, 1982, edición de Ivan A. Schulman.

MARTÍ, José: *Obras completas*, Ciencias Sociales, La Habana, 1975, 23 vols.

MARTÍ, José: *Poesía completa*, Alianza Editorial, Madrid, 1995, edición de Carlos Javier Morales.

MARTÍNEZ DÍAZ, Nelson: *José Martí*, Quorum, Madrid, 1986.

MARTÍNEZ ESTRADA, Ezequiel: *Martí, revolucionario*, Casa de las Américas, La Habana, 1967.

MISTRAL, Gabriela: *La lengua de Martí*, Secretaría de Educación, La Habana, 1963.

MORALES, Carlos Javier: *La poética de José Martí y su contexto*, Verbum, Madrid, 1994.

SCHULMAN, Ivan A.: *Símbolo y color en la obra de José Martí*, Gredos, Madrid, 1970, 2.ª ed.

SCHULMAN, Ivan A., y GONZÁLEZ, Manuel Pedro: *Martí, Darío y el modernismo*, Gredos, Madrid, 1969.

VITIER, Cintio: *Los versos de Martí*, Universidad de La Habana, 1969.

VITIER, Cintio, y GARCÍA MARRUZ, Fina: *Temas martianos*, Biblioteca Nacional José Martí, La Habana, 1969.

JOSÉ MARTÍ Y SU ÉPOCA

AÑO	DATOS BIOGRÁFICOS
1853	Nace en La Habana el 28 de enero, hijo de Mariano Martí y de Leonor Pérez.
1865-1866	Concluye los estudios primarios en la escuela dirigida por Rafael María Mendive, que se constituye en su maestro.
1869	Es encarcelado por participar en actividades revolucionarias, como la publicación de la revista satírica *El Diablo Cojuelo* y el semanario *Patria Libre*.
1870	Es condenado a seis años de presidio en las canteras de San Lázaro. Posteriormente, se le conmuta la pena por la del confinamiento en Isla de Pinos.
1871	Una nueva conmuta de pena lo lleva a España, donde permanecerá desterrado hasta 1874. En la metrópoli publica *El presidio político en Cuba*. En estos años de exilio sigue de forma irregular estudios de Filosofía y Letras y de Derecho.
1873	Se traslada a Zaragoza. Publica *La república española ante la revolución cubana*.

PANORAMA CULTURAL	ACONTECIMIENTOS HISTÓRICOS
Alberto Blest Gana publica su primera novela: *Una escena social.*	
	Sucesivas crisis en el gobierno de España, cuya presidencia ocupan Narváez, O´Donnell y, nuevamente, Narváez.
	Al mando de Carlos Manuel de Céspedes, discurre la insurrección separatista en Cuba, que había comenzado un año antes y se prolongará hasta 1878. En España, se promulga la constitución democrático-liberal y Serrano es designado regente en espera de la llegada del nuevo rey, Amadeo de Saboya.
Benito Pérez Galdós: *La Fontana de Oro.*	Amadeo de Saboya, elegido rey por las Cortes españolas. Asesinato del general Prim.
Esteban Echevarría: *El matadero.* Gustavo Adolfo Bécquer: *Rimas,* publicadas póstumamente.	
	El 11 de febrero las Cortes proclaman la I República Española, que conocerá cuatro presidentes en once meses: Figueras, Pi y Margall, Salmerón y Castelar.

AÑO	DATOS BIOGRÁFICOS
1874	Se traslada a Francia, pero permanece poco tiempo. Se instala en México, donde consigue entrar en las redacciones de *El Federal* y de la *Revista Universal*.
1875	Escribe el drama *Amor con amor se paga*.
1876	Tras el triunfo de Porfirio Díaz, abandona México. Tras una breve estancia en Cuba, se instala en Guatemala, donde es nombrado catedrático de Literatura y Filosofía.
1878	En Guatemala se casa con Carmen Zayas Bazán. Publica el ensayo *Guatemala*, en el que se expone las contradicciones del gobierno liberal de Justo Rufino Barrios, por lo que poco después debe abandonar el país. Gracias a la amnistía otorgada por Martínez Campos, se instala en Cuba.

PANORAMA CULTURAL	ACONTECIMIENTOS HISTÓRICOS
Manuel Zeno Gandía: *La charca*. Pedro Antonio de Alarcón: *El sombrero de tres picos*. Juan Valera: *Pepita Jiménez*.	En enero, el pronunciamiento del general Pavía disuelve las Cortes y acaba con la República. En diciembre, un nuevo pronunciamiento, esta vez del general Martínez Campos, otorga de nuevo el poder a la dinastía de los Borbones.
Pedro Antonio de Alarcón: *El escándalo*.	Se inicia el reinado de Alfonso XII, hijo de Isabel II. Comienza así el largo periodo histórico conocido como Restauración.
Benito Pérez Galdós: *Doña Perfecta*. Se crea en Madrid la Institución Libre de Enseñanza.	Se promulga una nueva constitución, de carácter conservador. Bajo el gobierno de Cánovas del Castillo se pone fin a la tercera guerra carlista. El gobierno español se compromete ante el de los Estados Unidos a liberalizar su política respecto a Cuba.
	Las divisiones internas en el ejército independentista permiten al general Martínez Campos firmar el tratado de Zanjón con parte de las fuerzas insurgentes. Se concede un gobierno autónomo a la isla y se acepta una representación cubana en las Cortes de la metrópoli. Cánovas restringe el sufragio universal en España.

AÑO	DATOS BIOGRÁFICOS
1879	En Cuba trabaja en el bufete de Miguel Viondi y reanuda las actividades revolucionarias. Se le condena de nuevo al exilio. Parte por segunda vez hacia España, donde solo permanecerá dos meses. Se instala en Nueva York.
1881	Se establece en Venezuela. Funda y dirige la *Revista Venezolana*, de la que solo saldrán dos números. Sus desavenencias con el dictador Guzmán Blanco le obligan a abandonar el país. Se instala definitivamente en Nueva York.
1882	En los Estados Unidos publica *Ismaelillo*, en honor del hijo ausente, pues su mujer se había negado a seguirlo en sus sucesivos exilios.

PANORAMA CULTURAL	ACONTECIMIENTOS HISTÓRICOS
Juan León Mera: *Cumandá*.	Una parte de los revolucionarios, independentistas convencidos, no aceptan el acuerdo con España. Antonio Maceo marcha al exilio.
Comienza la publicación de los quince tomos de las *Obras completas* de Andrés Bello. Benito Pérez Galdós: *La desheredada*.	En Cuba se deroga la ley que prohibía los matrimonios interraciales. Se sustituye la esclavitud por el patronato. En España, el liberal Sagasta, presidente del gobierno. Comienza así el turno entre conservadores y liberales, que se mantendrá hasta la crisis del 98.
Se completa la publicación de *Cecilia Valdés*, de Cirilo Villaverde. Aparece el primer volumen de los *Siete Tratados*, de Juan Montalvo. Emilia Pardo Bazán: *La tribuna*. Concluye la publicación de la *Historia de los heterodoxos españoles*, de Marcelino Menéndez Pelayo. Comienza la construcción de la Sagrada Familia, en Barcelona, a cargo del arquitecto Antonio Gaudí.	

AÑO	DATOS BIOGRÁFICOS
1883	Publica su primera crónica en *La Nación*, de Buenos Aires. Colabora en otros muchos periódicos de América. A los ingresos obtenidos con el periodismo, agrega los de su trabajo como oficinista y traductor. Por esta época compone gran parte de sus *Versos libres*, que quedarán inéditos a su muerte.
1884	Junto a Máximo Gómez y Antonio Maceo, planea la invasión de Cuba. Abandona el proyecto por temor al militarismo del primero.
1885	Publica la novela *Amistad funesta*, que volverá a publicarse con el título de *Lucía Juárez*.
1887	Es nombrado cónsul del Uruguay.
1889	Escribe y edita la revista infantil *La edad de oro*, de la que solo saldrán cuatro números.
1890	Obtiene el nombramiento de cónsul de la Argentina. Representa al Uruguay en la Conferencia Monetaria Internacional.

PANORAMA CULTURAL	ACONTECIMIENTOS HISTÓRICOS
Manuel Gutiérrez Nájera: *Cuentos frágiles*.	
Rosalía de Castro: *En las orillas del Sar*. Benito Pérez Galdós: *Tormento*.	
Eugenio Cambaceres: *Sin rumbo*. Clarín: *La Regenta*. Armando Palacio Valdés: *José*. José María de Pereda: *Sotileza*.	Muere el rey Alfonso XII. Hasta la mayoría de edad de su hijo póstumo, el futuro monarca Alfonso XIII, se encarga de la regencia su viuda, María Cristina.
Termina la publicación de *Fortunata y Jacinta*, de Benito Pérez Galdós.	Sagasta restablece el derecho de asociación, que Cánovas había restringido. Un año antes, las Cortes habían rechazado una propuesta autonomista de los diputados cubanos.
Clorinda Matto de Turner: *Aves sin nido*.	
Se publica la segunda edición de *Azul...*, de Rubén Darío, que modifica sustancialmente la primera, editada dos años antes. Julián del Casal: *Hojas al viento*.	Se restablece el sufragio universal en España.

AÑO	DATOS BIOGRÁFICOS
1891	Tras muchos años de separación, su matrimonio se rompe definitivamente. Mantiene relaciones con la viuda cubana Carmen Mirayes. Publica *Versos sencillos*.
1892	El 5 de enero, en cayo Hueso, se aprueban las Bases del Partido Revolucionario Cubano, del que Martí es elegido delegado. De regreso a Nueva York, funda *Patria*, órgano de expresión de los independentistas cubanos.
1893-1894	Trabaja incansablemente en preparar la revolución. Viaja a diversos países para recaudar fondos y recabar adhesiones. Se entrevista con sus viejos amigos Antonio Maceo y Máximo Gómez. Se reconcilia con este último, con el que participará en la invasión de la isla. En 1893, recibe en Nueva York la visita de Rubén Darío.
1895	El 10 de enero son apresados en el puerto floridiano de Fernandina tres barcos cargados de armas para la insurrección. Se logra recuperar parte del arsenal. El 25 de marzo José Martí y Máximo Gómez, con la guerra ya comenzada en Cuba, lanzan en Santo Domingo el Manifiesto de Montecristi. El 11 de abril, desde Haití, Martí se dirige a Cuba. En la isla, le reciben al grito de presidente. El 19 de mayo, cerca de Dos Ríos, es herido mortalmente en combate. Sus compañeros no pueden recuperar el cadáver, que los españoles entierran en Santiago de Cuba.

PANORAMA CULTURAL	ACONTECIMIENTOS HISTÓRICOS
Julián Martel: *La bolsa*. Clarín: *Su único hijo*.	
Julián del Casal: *Nieve*. Benito Pérez Galdós: *Tristana*.	Asamblea de Manresa, en la que se proclaman las Bases de la Unió Catalanista.
Muere Julián del Casal. Jacinto Benavente: *El nido ajeno*.	Fracasa el proyecto de Maura sobre la autonomía de Cuba.
Muere Manuel Gutiérrez Nájera. José María de Pereda: *Peñas arriba*. Comienza la publicación de *Juanita la Larga*, de Juan Valera. Miguel de Unamuno: *En torno al casticismo*. Ramón María del Valle Inclán: *Femeninas*.	Comienza la segunda guerra de Cuba, que concluirá con la independencia de la isla en 1898.

ISMAELILLO

ISMAELILLO

Hijo:

Espantado de todo, me refugio en ti.

Tengo fe en el optimismo, en la utilidad de la virtud, y en ti.

Si alguien te dice que estas páginas se parecen a otras páginas, diles que te amo demasiado para profanarte así. Tal como aquí te pinto, tal te han visto mis ojos. Con esos arreos de gala te me has aparecido. Cuando he cesado de verte en una forma, he cesado de pintarte. Esos riachuelos han pasado por mi corazón.

¡Lleguen al tuyo!

PRÍNCIPE ENANO

Para un príncipe enano
Se hace esta fiesta.
Tiene guedejas rubias,
Blandas guedejas;
Por sobre el hombro blanco   5
Luengas le cuelgan.
Sus dos ojos parecen
Estrellas negras:
Vuelan, brillan, palpitan,
Relampaguean!   10
Él para mí es corona,
Almohada, espuela.
Mi mano, que así embrida
Potros y hienas,
Va, mansa y obediente,   15
Donde él la lleva.
Si el ceño frunce, temo;
Si se me queja,—

Cual de mujer, mi rostro
Nieve se trueca: 20
Su sangre, pues, anima
Mis flacas venas:
¿Con su gozo mi sangre
Se hincha, o se seca!
Para un príncipe enano   25
Se hace esta fiesta.

  ¡Venga mi caballero
Por esta senda!
¡Éntrese mi tirano
Por esta cueva!   30
Tal es, cuando a mis ojos
Su imagen llega,
Cual si en lóbrego antro
Pálida estrella,
Con fulgor de ópalo   35
Todo vistiera.
A su paso la sombra
Matices muestra,
Como al sol que las hiere
Las nubes negras.   40
¡Heme ya, puesto en armas,
En la pelea!
Quiere el príncipe enano
Que a luchar vuelva:
¡Él para mí es corona,   45
Almohada, espuela!
Y como el sol, quebrando

Las nubes negras,
En banda de colores
La sombra trueca,—   50
Él, al tocarla, borda
En la onda espesa,
Mi banda de batalla
Roja y violeta.
¿Con que mi dueño quiere   55
Que a vivir vuelva?
¡Venga mi caballero
Por esta senda!
¡Éntrese mi tirano
Por esta cueva!   60
¡Déjeme que la vida
A él, a él ofrezca!
Para un príncipe enano
Se hace esta fiesta.

SUEÑO DESPIERTO

Yo sueño con los ojos
Abiertos, y de día
Y noche siempre sueño.
Y sobre las espumas
Del ancho mar revuelto,   5
Y por entre las crespas
Arenas del desierto,
Y del león pujante,

Monarca de mi pecho,
Montado alegremente
Sobre el sumiso cuello,—   10
Un niño que me llama
Flotando siempre veo!

BRAZOS FRAGANTES

Sé de brazos robustos,
Blandos, fragantes;
Y sé que cuando envuelven
El cuello frágil,
Mi cuerpo, como rosa   5
Besada, se abre,
Y en su propio perfume
Lánguido exhálase.
Ricas en sangre nueva
Las sienes laten;   10
Mueven las rojas plumas
Internas aves;
Sobre la piel, curtida
De humanos aires,
Mariposas inquietas   15
Sus alas baten;
Savia de rosa enciende
Las muertas carnes!—
¡Y yo doy los redondos
Brazos fragantes,   20

Por dos brazos menudos
Que halarme saben,
Y a mi pálido cuello
Recios colgarse,
Y de místicos lirios   25
Collar labrarme!
¡Lejos de mí por siempre,
Brazos fragantes!

MI CABALLERO

Por las mañanas
Mi pequeñuelo
Me despertaba
Con un gran beso.
Puesto a horcajadas   5
Sobre mi pecho,
Bridas forjaba
Con mis cabellos.
Ebrio él de gozo,
De gozo yo ebrio,   10
Me espoleaba
Mi caballero:
¡Qué suave espuela
Sus dos pies frescos!
¡Cómo reía   15
Mi jinetuelo!
Y yo besaba

Sus pies pequeños,
Dos pies que caben
En solo un beso!   20

MUSA TRAVIESA

Mi musa? Es un diablillo
Con alas de ángel.
¡Ah, musilla traviesa,
Qué vuelo trae!

   Yo suelo, caballero   5
En sueños graves,
Cabalgar horas luengas
Sobre los aires.
Me entro en nubes rosadas,
Bajo a hondos mares,   10
Y en los senos eternos
Hago viajes.
Allí asisto a la inmensa
Boda inefable,
Y en los talleres huelgo   15
De la luz madre:
Y con ella es la oscura
Vida, radiante,
Y a mis ojos los antros
Son nidos de ángeles!   20
Al viajero del cielo

¿Qué el mundo frágil?
Pues ¿no saben los hombres
Qué encargo traen?
¡Rasgarse el bravo pecho,　　　　　25
Vaciar su sangre,
Y andar, andar heridos
Muy largo valle,
Roto el cuerpo en harapos,
Los pies en carne,　　　　　30
Hasta dar sonriendo
—¡No en tierra!— exánimes!
Y entonces sus talleres
La luz les abre,
Y ven lo que yo veo:　　　　　35
¿Qué el mundo frágil?
Seres hay de montaña,
Seres de valle,
Y seres de pantanos
Y lodazales.

De mis sueños desciendo,
Volando vanse,
Y en papel amarillo
Cuento el viaje.
Contándolo, me inunda　　　　　45
Un gozo grave:—
Y cual si el monte alegre,
Queriendo holgarse
Al alba enamorando
Con voces ágiles,　　　　　50

Sus hilillos sonoros
Desanudase,
Y salpicando riscos,
Labrando esmaltes,
Refrescando sedientas   55
Cálidas cauces,
Echáralos risueños
Por falda y valle,—
Así, al alba del alma
Regocijándose,   60
Mi espíritu encendido
Me echa a raudales
Por las mejillas secas
Lágrimas suaves.
Me siento, cual si en magno   65
Templo oficiase:
Cual si mi alma por mirra
Virtiese al aire;
Cual si en mi hombro surgieran
Fuerzas de Atlante[1];   70
Cual si el sol en mi seno
La luz fraguase:—
¡Y estallo, hiervo, vibro,
Alas me nacen!

Suavemente la puerta   75
Del cuarto se abre,

---

[1] Atlante: Atlas. En la mitología griega, uno de los titanes que provocó la guerra contra los dioses, por lo que fue condenado a sostener el mundo sobre sus hombros. Simboliza la fuerza.

Y éntranse a él gozosos
Luz, risas, aire.
Al par da el sol en mi alma
Y en los cristales: 80
¡Por la puerta se ha entrado
Mi diablo ángel!
¿Qué fue de aquellos sueños,
De mi viaje,
Del papel amarillo,   85
Del llanto suave?
Cual si de mariposas
Tras gran combate
Volaran alas de oro
Por tierra y aire,   90
Así vuelan las hojas
Do cuento el trance.
Hala acá el travesuelo
Mi paño árabe;
Allá monta en el lomo   95
De un incunable;
Un carcax [2] con mis plumas
Fabrica y átase;
Un sílex persiguiendo
Vuelca un estante,   100
Y ¡allá ruedan por tierra
Versillos frágiles,
Brumosos pensadores,

---

[2] Carcax: carcaj. Caja, generalmente en forma de tubo, que se utiliza para guardar las flechas.

Lópeos[3] galanes!
De águilas diminutas   105
Puéblase el aire:
¡Son las ideas, cue ascienden,
Rotas sus cárceles!

    Del muro arranca, y cíñese,
Indio plumaje: 110
Aquella que me dieron
De oro brillante,
Pluma, a marcar nacida
Frentes infames,
De su caja de seda   115
Saca, y la blande:
Del sol a los requiebros
Brilla el plumaje,
Que baña en áureas tintas
Su audaz semblante.   120
De ambos lados el rubio
Cabello al aire,
A mí súbito viénese
A que lo abrace.
De beso en beso escala   125
Mi mesa frágil;
¡Oh, Jacob[4], mariposa,

---

[3] Lópeos: se refiere a los galanes creados por el dramaturgo
Lope de Vega.

[4] Jacob: Según el Antiguo Testamento, hijo de Isaac y de Re-
beca y hermano mellizo de Esaú. Perseguido por este, hubo de

Ismaëlillo[5], árabe!
¿Qué ha de haber que me guste
Como mirarle   130
De entre polvo de libros
Surgir radiante,
Y, en vez de acero, verle
De pluma armarse,
Y buscar en mis brazos   135
Tregua al combate?
Venga, venga, Ismaelillo:
La mesa asalte,
Y por los anchos pliegues
Del paño árabe   140
En rota vergonzosa
Mis libros lance,
Y siéntese magnífico
Sobre el desastre,
Y muéstreme riendo,   145
Roto el encaje—
—¡Qué encaje no se rompe
En el combate!—
Su cuello, en que la risa
Gruesa onda hace!   150

---

abandonar su tierra. De sus mujeres legítimas y de algunas escla-
vas tuvo doce hijos, epónimos de las doce tribus hebreas bíbli-
cas. Como ellas, y como el propio Jacob, Martí es un exiliado.

[5] Ismaëlillo: Ismael, primogénito de Abraham y de su esposa
ilegítima Agar. Fue expulsado de la casa de su padre por Sara, la
esposa legítima de Abraham.

Venga, y por cauce nuevo
Mi vida lance,
Y a mis manos la vieja
Péñola[6] arranque,
Y del vaso manchado   155
La tinta vacíe!
¡Vaso puro de nácar:
Dame a que harte
Esta sed de pureza:
Los labios cánsame!   160
¿Son estas que lo envuelven
Carnes, o nácares?
La risa, como en taza
De ónice[7] árabe,
En su incólume seno   165
Bulle triunfante:
¡Hete aquí, hueso pálido,
Vivo y durable!
Hijo soy de mi hijo!
Él me rehace!   170

Pudiera yo, hijo mío,
Quebrando el arte
Universal, muriendo
Mis años dándote,
Envejecerte súbito,   175
La vida ahorrarte!—

---

[6] Péñola: pluma de ave usada para escribir.
[7] Ónice: ágata con capas claras y oscuras.

Mas no: que no verías
En horas graves
Entrar el sol al alma
Y a los cristales!   180
Hierva en tu seno puro
Risa sonante:
Rueden pliegues abajo
Libros exangües:
Sube, Jacob alegre,   185
La escala suave:
Ven, y de beso en beso
Mi mesa asaltes:—
¡Pues esa es mi musilla,
Mi diablo ángel!   190
¡Ah, musilla traviesa,
Qué vuelo trae!

MI REYECILLO

Los persas tienen
un rey sombrío;
Los hunos foscos
Un rey altivo;
Un rey ameno   5
Tienen los íberos;
Rey tiene el hombre,
Rey amarillo:

¡Mal van los hombres
Con su dominio!   10
Mas yo vasallo
De otro rey vivo,—
Un reydesnudo,
Blanco y rollizo:
Su cetro —un beso!   15
Mi premio —un mimo!
Oh! cual los áureos
Reyes divinos
De tierras muertas,
De pueblos idos   20
—¡Cuando te vayas,
Llévame, hijo!—
Toca en mi frente
Tu cetro omnímodo;
Úngeme siervo,   25
Siervo sumiso:
¡No he de cansarme
De verme ungido!
¡Lealtad te juro,
Mi reyecillo!   30
Sea mi espalda
Pavés de mi hijo:
Pasa en mis hombros
El mar sombrío:
Muera al ponerte   35
En tierra vivo:—
Mas si amar piensas
El amarillo

Rey de los hombres,
¡Muere conmigo!   40
¿Vivir impuro?
¡No vivas, hijo!

PENACHOS VÍVIDOS

Como taza en que hierve
De transparente vino
En doradas burbujas
El generoso espíritu;

Como inquieto mar joven   5
Del cauce nuevo henchido
Rebosa, y por las playas
Bulle y muere tranquilo;

Como manada alegre
De bellos potros vivos   10
Que en la mañana clara
Muestran su regocijo,
Ora en carreras locas,
O en sonoros relinchos,
O sacudiendo el aire   15
El crinaje magnífico;—
Así mis pensamientos
Rebosan en mí vívidos,
Y en crespa espuma de oro

Besan tus pies sumisos,   20
O en fúlgidos penachos
De varios tintes ricos,
Se mecen y se inclinan
Cuando tú pasas—hijo!

HIJO DEL ALMA

Tú flotas sobre todo,
Hijo del alma!
De la revuelta noche
Las oleadas,
En mi seno desnudo   5
Déjante el alba;
Y del día la espuma
Turbia y amarga,
De la noche revuelta
Te echa en las aguas.   10
Guardiancillo magnánimo,
La no cerrada
Puerta de mi hondo espíritu
Amante guardas;
Y si en la sombra ocultas   15
Búscanme avaras,
De mi calma celosas,
Mis penas varias,—
En el umbral oscuro
Fiero te alzas,   20

Y les cierran el paso
Tus alas blancas!
Ondas de luz y flores
Trae la mañana,
Y tú en las luminosas   25
Ondas cabalgas.
No es, no, la luz del día
La que me llama,
Sino tus manecitas
En mi almohada.   30
Me hablan de que estás lejos:
¡Locuras me hablan!
Ellos tienen tu sombra;
¡Yo tengo tu alma!
Esas son cosas nuevas,   35
Mías y extrañas.
Yo sé que tus dos ojos
Allá en lejanas
Tierras relampaguean,—
Y en las doradas   40
Olas de aire que baten
Mi frente pálida,
Pudiera con mi mano,
Cual si haz segara
De estrellas, segar haces   45
De tus miradas!
¡Tú flotas sobre todo,
Hijo del alma!

AMOR ERRANTE

Hijo, en tu busca
Cruzo los mares:
Las olas buenas
A ti me traen:
Los aires frescos   5
Limpian mis carnes
De los gusanos
De las ciudades;
Pero voy triste
Porque en los mares   10
Por nadie puedo
Verter mi sangre.
¿Qué a mí las ondas
Mansas e iguales?
¿Qué a mí las nubes,   15
Joyas volantes?
¿Qué a mí los blandos
Juegos del aire?
¿Qué la iracunda
Voz de huracanes?   20
A estos —¡la frente
Hecha a domarles!
¡A los lascivos
Besos fugaces
De las menudas   25
Brisas amables,—
Mis dos mejillas
Secas y exangües,

De un beso inmenso
Siempre voraces!   30
Y ¿a quién, el blanco
Pálido ángel
Que aquí en mi pecho
Las alas abre
Y a los cansados   35
Que de él se amparen
Y en él se nutran
Busca anhelante?
¿A quién envuelve
Con sus suaves   40
Alas nubosas
Mi amor errante?
Libres de esclavos
Cielos y mares,
Por nadie puedo   45
Verter mi sangre!

    Y llora el blanco
Pálido ángel:
¡Celos del cielo
Llorar le hacen,   50
Que a todos cubre
Con sus celajes!
Las alas níveas
Cierra, y ampárase
De ellas el rostro   55
Inconsolable:—
Y en el confuso

Mundo fragante
Que en la profunda
Sombra se abre,   60
Donde en solemne
Silencio nacen
Flores eternas
Y colosales,
Y sobre el dorso   65
De aves gigantes
Despiertan besos
Inacabables,—
Risueño y vivo
Surge otro ángel!   70

SOBRE MI HOMBRO

Ved: sentado lo llevo
Sobre mi hombro:
Oculto va, y visible
Para mí solo!
Él me ciñe las sienes   5
Con su redondo
Brazo, cuando a las fieras
Penas me postro:—
Cuando el cabello hirsuto
Yérguese y hosco,   10
Cual de interna tormenta
Símbolo torvo,

Como un beso que vuela
Siento en el tosco
Cráneo: su mano amansa   15
El bridón loco!—
Cuando en medio del recio
Camino lóbrego,
Sonrío, y desmayado
Del raro gozo,   20
La mano tiendo en busca
De amigo apoyo,—
Es que un beso invisible
Me da el hermoso
Niño que va sentado   25
Sobre mi hombro.

TÁBANOS FIEROS

Venid, tábanos fieros,
Venid, chacales,
Y muevan trompa y diente
Y en horda ataquen,
Y cual tigre a bisonte   5
Sítienme y salten!
Por aquí, verde envidia!
Tú, bella carne,
En los dos labios muérdeme:
Sécame: mánchame!   10
Por acá, los vendados

Celos voraces!
Y tú, moneda de oro,
Por todas partes!
De virtud mercaderes,   15
Mercadeadme!
Mató el Gozo a la Honra:
Venga a mí,—y mate!

Cada cual con sus armas
Surja y batalle: 20
El placer, con su copa;
Con sus amables
Manos, en mirra untadas,
La virgen ágil;
Con su espada de plata,   25
El diablo bátame:—
La espada cegadora
No ha de cegarme!

Asorde [8] la caterva
De batallantes: 30
Brillen cascos plumados
Como brillasen
Sobre montes de oro
Nieves radiantes:
Como gotas de lluvia   35
Las nubes lancen
Muchedumbre de aceros

---

[8] Asorde: ensordezca.

Y de estandartes:
Parezca que la tierra,
Rota en el trance,   40
Cubrió su dorso verde
De áureos gigantes:
Lidiemos, no a la lumbre
Del sol suave,
Sino al funesto brillo   45
De los cortantes
Hierros: rojos relámpagos
La niebla tajen:
Sacudan sus raíces
Libres los árboles: 50
Sus faldas trueque el monte
En alas ágiles:
Clamor óigase, como
Si en un instante
Mismo, las almas todas   55
Volando ex-cárceres[9],
Rodar a sus pies vieran
Su hopa de carnes:
Cíñame recia veste[10]
De amenazantes   60
Astas agudas: hilos
Tenues de sangre
Por mi piel rueden leves

---

[9] Ex-cárceres: creación martiana a partir de las palabras latinas *ex* (fuera de) y *carcer* (cárcel).

[10] Veste: vestido.

Cual rojos áspides:
Su diente en lodo afilen   65
Pardos chacales:
Lime el tábano terco
Su aspa volante:
Muérdame en los dos labios
La bella carne:—   70
Que ya vienen, ya vienen
Mis talismanes!

Como nubes vinieron
Esos gigantes:
¡Ligeros como nubes   75
Volando iranse!

La desdentada envidia
Irá, secas las fauces,
Hambrienta, por desiertos
Y calcinados valles,   80
Royéndose las mondas
Escuálidas falanges;
Vestido irá de oro
El diablo formidable,
En el cansado puño   85
Quebrada la tajante;
Vistiendo con sus lágrimas
Irá, y con voces grandes
De duelo, la Hermosura
Su inútil arreaje:—   90
Y yo en el agua fresca

De algún arroyo amable
Bañaré sonriendo
Mis hilillos de sangre.

Ya miro en polvareda   95
Radiosa evaporarse
Aquellas escamadas
Corazas centellantes:
Las alas de los cascos
Agítanse, debátense,   100
Y el casco de oro en fuga
Se pierde por los aires.
Tras misterioso viento
Sobre la hierba arrástranse,
Cual sierpes de colores,   105
Las flámulas [11] ondeantes.
Junta la tierra súbito
Sus grietas colosales
Y echa su dorso verde
Por sobre los gigantes: 110
Corren como que vuelan
Tábanos y chacales,
Y queda el campo lleno
De un humillo fragante.
De la derrota ciega   115
Los gritos espantables
Escúchanse, que evocan
Callados capitanes;

---

[11] Flámulas: banderas.

Y mésase soberbia
El áspero crinaje,   120
Y como muere un buitre
Expira sobre el valle!
En tanto, yo a la orilla
De un fresco arroyo amable,
Restaño sonriendo   125
Mis hilillos de sangre.

No temo yo ni curo [12]
De ejércitos pujantes,
Ni tentaciones sordas,
Ni vírgenes voraces!   130
Él vuela en torno mío,
Él gira, él para, él bate;
Aquí su escudo opone;
Allí su clava blande;
A diestra y a siniestra   135
Mandobla, quiebra, esparce;
Recibe en su escudillo
Lluvia de dardos hábiles;
Sacúdelos al suelo,
Bríndalo a nuevo ataque.   140
¡Ya vuelan, ya se vuelan
Tábanos y gigantes!—
Escúchase el chasquido
De hierros que se parten;

---

[12] Curo: cuido. Esta acepción de *curar* está en desuso, ya era
un arcaísmo en la época de Martí.

Al aire chispas fúlgidas   145
Suben en rubios haces;
Alfómbrase la tierra
De dagas y montantes;
¡Ya vuelan, ya se esconden
Tábanos y chacales!—   150
Él como abeja zumba,
Él rompe y mueve el aire,
Detiénese, ondea, deja
Rumor de alas de ave:
Ya mis cabellos roza;   155
Ya sobre mi hombro párase;
Ya a mi costado cruza;
Ya en mi regazo lánzase;
¡Ya la enemiga tropa
Huye, rota y cobarde!   160
¡Hijos, escudos fuertes,
De los cansados padres!
¡Venga mi caballero,
Caballero del aire!
¡Véngase mi desnudo   165
Guerrero de alas de ave,
Y echemos por la vía
Que va a ese arroyo amable,
Y con sus aguas frescas
Bañe mi hilo de sangre!   170
Caballeruelo mío!
Batallador volante!

TÓRTOLA BLANCA

El aire está espeso,
La alfombra manchada,
Las luces ardientes,
Revuelta la sala;
Y acá entre divanes   5
Y allá entre otomanas,
Tropiézase en restos
De tules, —o de alas!
Un baile parece
De copas exhaustas!   10
Despierto está el cuerpo,
Dormida está el alma;
¡Qué férvido el valse!
¡Qué alegre la danza!
¡Qué fiera hay dormida   15
Cuando el baile acaba!

Detona, chispea,
Espuma, se vacia,
Y expira dichosa
La rubia champaña: 20
Los ojos fulguran,
Las manos abrasan,
De tiernas palomas
Se nutren las águilas;
Don Juanes lucientes   25
Devoran Rosauras;
Fermenta y rebosa

La inquieta palabra;
Estrecha en su cárcel
La vida incendiada,   30
En risas se rompe
Y en lava y en llamas;
Y lirios se quiebran,
Y violas se manchan,
Y giran las gentes,   35
Y ondulan y valsan;
Mariposas rojas
Inundan la sala,
Y en la alfombra muere
La tórtola blanca.   40

Yo fiero rehúso
La copa labrada;
Traspaso a un sediento
La alegre champaña;
Pálido recojo   45
La tórtola hollada;
Y en su fiesta dejo
Las fieras humanas;—
Que el balcón azotan
Dos alitas blancas   50
Que llenas de miedo
Temblando me llaman.

VALLE LOZANO

Dígame mi labriego
¿Cómo es que ha andado
En esta noche lóbrega
Este hondo campo?
Dígame de qué flores   5
Untó el arado,
Que la tierra olorosa
Trasciende a nardos?
Dígame de qué ríos
Regó ese prado,   10
Que era un valle muy negro
Y ora es lozano?

Otros, con dagas grandes
Mi pecho araron:
Pues ¿qué hierro es el tuyo   15
Que no hace daño?
Y esto dije —y el niño
Riendo me trajo
En sus dos manos blancas
Un beso casto.   20

MI DISPENSERO

Qué me das? Chipre? [13]
Yo no lo quiero:
Ni rey de bolsa
Ni posaderos
Tienen del vino   5
Que yo deseo;
Ni es de cristales
De cristaleros
La dulce copa
En que lo bebo.   10

    Mas está ausente
Mi despensero,
Y de otro vino
Yo nunca bebo.

ROSILLA NUEVA

Traidor! Con qué arma de oro
Me has cautivado?
Pues yo tengo coraza
De hierro áspero.
Hiela el dolor: el pecho   5
Trueca en peñasco.

---

[13] Chipre: se refiere a los vinos de Chipre, muy apreciados sobre todo en la Antigüedad.

Y así como la nieve,
Del sol al blando
Rayo, suelta el magnífico
Manto plateado,   10
Y salta en hilo alegre
Al valle pálido,
Y las rosillas nuevas
Riega magnánimo;—
Así, guerrero fúlgido,   15
Roto a tu paso,
Humildoso y alegre
Rueda el peñasco;
Y cual lebrel sumiso
Busca saltando   20
A la rosilla nueva
Del valle pálido.

VERSOS LIBRES

Mis versos

Estos son mis versos. Son como son. A nadie
los pedí prestados. Mientras no pude encerrar
íntegras mis visiones en una forma adecuada a
ellas, dejé volar mis visiones: oh, cuánto áureo
amigo, que ya nunca ha vuelto! Pero la poesía   5
tiene su honradez, y yo he querido siempre ser
honrado. Recortar versos, también sé, pero no
quiero. Así como cada hombre trae su fisono-
mía, cada inspiración trae su lenguaje. Amo las
sonoridades difíciles, el verso escultórico, vi-   10
brante como la porcelana, volador como un ave,
ardiente y arrollador como una lengua de lava.
El verso ha de ser como una espada reluciente,
que deja a los espectadores la memoria de un
guerrero que va camino del cielo, y al envainar-   15
la en el sol, se rompe en alas.

Tajos son estos de mis propias entrañas —mis
guerreros—. Ninguno me ha salido recalenta-

do, artificioso, recompuesto, de la mente; sino como las lágrimas salen de los ojos y la sangre sale a borbotones de la herida. 20

No zurcí de este y aquel, sino sajé en mí mismo. Van escritos, no en tinta de academia, sino en mi propia sangre. Lo que aquí doy a ver lo he visto antes (yo lo he visto, yo), y he visto 25 mucho más, que huyó sin darme tiempo a que copiara sus rasgos. —De la extrañeza, singularidad, prisa, amontonamiento, arrebato de mis visiones, yo mismo tuve la culpa, que las he hecho surgir ante mí como las copio. De la copia 30 yo soy el responsable. Hallé quebrados los vestidos, y otros no y usé de estos colores. Ya sé que no son usados. Amo las sonoridades difíciles y la sinceridad, aunque pueda parecer brutal. 35

Todo lo que han de decir, ya lo sé, y me lo tengo contestado. He querido ser leal, y si pequé, no me avergüenzo de haber pecado.

[faded text at top of page, illegible]

ACADÉMICA

Ven, mi caballo, a que te encinche: quieren
Que no con garbo natural el coso
Al sabio impulso corras de la vida,
Sino que el paso de la pista aprendas,
Y la lengua del látigo, y sumiso   5
Des a la silla el arrogante lomo:—
Ven, mi caballo: dicen que en el pecho
Lo que es cierto, no es cierto: que la estrofa
Ígnea que en lo hondo de las almas nacen,
Como penacho de fontana pura   10
Que el blando manto de la tierra rompe
Y en gotas mil arreboladas cuelga,
No ha de cantarse, no, sino las pautas
Que en moldecillo azucarado y hueco
Encasacados dómines dibujan: 15
Y gritan: «Al bribón!» —cuando a las puertas
Del tempo augusto un hombre libre asoma!—
Ven, mi caballo, con tu casco limpio

A yerba nueva y flor de llano oliente,
Cinchas estruja, lanza sobre un tronco   20
Seco y piadoso, donde el sol la avive—
Del repintado dómine la chupa,
De hojas de antaño y de romanas rosas
Orlada, y deslucidas joyas griegas,—
Y al sol del alba en que la tierra rompe   25
Echa arrogante por el orbe nuevo.

POLLICE VERSO [1]
(Memoria de presidio)

Sí! yo también, desnuda la cabeza
De tocado y cabellos, y al tobillo
Una cadena lurda, heme arrastrado
Entre un montón de sierpes, que revueltas
Sobre sus vicios negros, parecían   5
Esos gusanos de pesado vientre
Y ojos viscosos, que en hedionda cuba
De pardo lodo lentos se revuelcan!
Y yo pasé, sereno entre los viles,
Cual si en mis manos, como en ruego juntas,   10
Las anchas alas púdicas abriese
Una paloma blanca. Y aún me aterro

---

[1] Pollice verso: El título de este poema lo tomó Martí de un cuadro de Jean-Léon Gérôme que el poeta contempló en una galería de Nueva York.

De ver con el recuerdo lo que he visto
Una vez con mis mis ojos. Y espantado
Póngome en pie, cual a emprender la fuga!—   15
¡Recuerdos hay que queman la memoria!
¡Zarzal es la memoria; mas la mía
Es un cesto de llamas! A su lumbre
El porvenir de mi nación preveo.
Y lloro: Hay leyes en la mente, leyes   20
Cual las del río, el mar, la piedra, el astro,
Ásperas y fatales: ese almendro
Que con su rama oscura en flor sombrea
Mi alta ventana, viene de semilla
De almendro; y ese rico globo de oro   25
De dulce y perfumoso jugo lleno
Que en blanca fuente una niñuela cara,
Flor del destierro, cándida me brinda,
Naranja es, y vino de naranjo:—
Y el suelo triste en que se siembran lágrimas   30
Dará árbol de lágrimas. La culpa
Es madre del castigo.
              No es la vida
Copa de mago que el capricho torna
En hiel para los míseros, y en férvido
Tokay [2] para el feliz: La vida es grave,—   35
Porción del Universo, frase unida
A frase colosal, sierva ligada
A un carro de oro, que a los ojos mismos

---

[2] Tokay: también *tocay*, una clase de vino muy apreciada por Martí.

De los que arrastra en rápida carrera
Ocúltase en el áureo polvo, —sierva   40
Con escondidas riendas ponderosas
A la incansable Eternidad atada!

Circo la tierra es, como el Romano,
Y junto a cada cuna una invisible
Panoplia al hombre aguarda, donde lucen   45
Cual daga cruel que hiere al que la blande,
Los vicios, y cual límpidos escudos
Las virtudes: la vida es la ancha arena,
Y los hombres esclavos gladiadores,—
Mas el pueblo y el rey, callados miran   50
De grada excelsa, en la desierta sombra.
Pero miran! Y a aquel que en la contienda
Bajó el escudo, o lo dejó de lado,
O suplicó cobarde, o abrió el pecho
Laxo y servil a la enconosa daga   55
Del enemigo, las vestales rudas
Desde el sitial de la implacable piedra,
Condenan a morir, *pollice verso,*
Y hasta el pomo ruin la daga hundida,
Al flojo gladiador clava en la arena.   60

¡Alza, oh pueblo, el escudo, porque es grave
Cosa esta vida, y cada acción es culpa
Que como aro servil se lleva luego
Cerrado al cuello, o premio generoso
Que del futuro mal próvido libra.   65

¿Veis los esclavos? Como cuerpos muertos
Atados en racimo, a vuestra espalda
Irán vida tras vida, y con las frentes
Pálidas y angustiosas, la sombría
Carga en vano hablaréis, hasta que el viento   70
De vuestra pena bárbara apiadado,
Los átomos postreros evapore!
¡Oh, qué visión tremenda! ¡oh qué terrible!
Procesión de culpables! Como en llano
Negro los miro, torvos, anhelosos,   75
Sin fruta el arbolar, secos los píos
Bejucos[3], por comarca funeraria
Donde ni el sol da luz, ni el árbol sombra!
Y bogan en silencio, como en magno
Océano sin agua, y a la frente   80
Llevan, cual yugo el buey, la cuerda uncida,
Y a la zaga, listado el cuerpo flaco
De hondos azotes, el montón de siervos!

¿Veis las carrozas, las ropillas blancas
Risueñas y ligeras, el luciente   85
Corcel de crin trenzada y riendas ricas
Y la albarda de plata suntuosa
Prendida, y el menudo zapatillo
Cárcel a un tiempo de los pies y el alma?
¡Pues ved que los extraños os desdeñan   90
Como a raza ruin, menguada y floja!

---

[3] Bejuco: nombre aplicado a diversas especies de plantas tropicales de tallos largos y flexibles.

A MI ALMA
Llegada la hora del trabajo

Ea, jamelgo! De los montes de oro
Baja, y de andar en prados bien olientes
Mures y viboreznos, y al sol rubio
Mecer gentil las brilladoras crines!
    ¡Ea, jamelgo! Del camino oscuro   5
Que va do no se sabe, esta es posada,
¡Y de pagar se tiene al hostelero!
Luego será la gorja, luego el llano.
Luego el prado oloroso, el alto monte:
Hoy, bájese el jamelgo, que le aguarda   10
Cabe el duro ronzal la gruesa albarda.

AL BUEN PEDRO

Dicen, buen Pedro, que de mí murmuras
Porque tras mis orejas el cabello
En crespas ondas su caudal levanta:
Diles, ¡bribón!, que mientras tú en festines,
En rubios caldos y en fragantes pomas,   5
Entre mancebas del astuto Norte
De tus esclavos el sudor sangriento,
Torcido en oro, lánguido bebes,—
Pensativo, febril, pálido, grave,
Mi pan rebano en solitaria mesa   10
Pidiendo ¡oh triste! al aire sordo modo

De libertar de su infortunio al siervo
¡Y de tu infamia a ti!—
               Y en estos lances
Suéleme, Pedro, en la apretada bolsa
Faltar la monedilla que reclama   15
Con sus húmedas manos el barbero.

HIERRO

Ganado tengo el pan: hágase el verso,—
Y en su comercio dulce se ejercite
La mano, que cual prófugo perdido
Entre oscuras malezas, o quien lleva
A rastra enorme peso, andaba ha poco   5
Sumas hilando y revolviendo cifras.
Bardo ¿consejo quieres? Pues descuelga
de la pálida espalda ensangrentada
El arpa dívea, acalla los sollozos
Que a tu garganta como mar en furia   10
Se agolparán, y en la madera rica
Taja plumillas de escritorio y echa
Las cuerdas rotas al movible viento.

¡Oh, alma!, ¡oh, alma buena! ¡mal oficio
Tienes!: ¡póstrate, calla, cede, lame   15
Manos de potentado, ensalza, excusa
Defectos, tenlos —que es mejor manera
De excusarlos, y mansa y temerosa

Vicios celebra, encumbra vanidades:
Verás entonces, alma, cuál se trueca   20
En plato de oro rico tu desnudo
Plato de pobre!
           Pero guarda ¡oh alma!
¡Que usan los hombres hoy oro empañado!
Ni de eso cures, que fabrican de oro
Sus joyas el bribón y el barbilindo: 25
Las armas no,—las armas son de hierro!

   Mi mal es rudo: la ciudad lo encona:
Lo alivia el campo inmenso: ¡otro más vasto
Lo aliviará mejor!—Y las oscuras
Tardes me atraen, cual si mi patria fuera   30
La dilatada sombra.
           Era yo niño—
Y con filial amor miraba al cielo,
¡Cuán pobre a mi avaricia el descuidado
Cariño del hogar! ¡Cuán tristemente
Bañado el rostro ansioso en llanto largo   35
Con mis ávidos ojos perseguía
La madre austera, el padre pensativo
Sin que jamás los labios ardorosos
Del corazón voraz la sed saciasen.
           ¡Oh verso amigo,   40
Muero de soledad, de amor me muero!
No de vulgar amor; estos amores
Envenenan y ofuscan: no es hermosa
La fruta en la mujer, sino la estrella.
La tierra ha de ser luz, y todo vivo   45

Debe en torno de sí dar lumbre de astro.
¡Oh, estas damas de muestra! ¡oh, estas copas
De carne! ¡oh, estas siervas, ante el dueño
Que las enjoya y que las nutre echadas!
¡Te digo, oh verso, que los dientes duelen   50
De comer de esta carne!
                              Es de inefable
Amor del que yo muero, —del muy dulce
Menester de llevar, como se lleva
Un niño tierno en las cuidosas manos,
Cuanto de bello y triste ven mis ojos.   55

   Del sueño, que las fuerzas no repara
Sino de los dichosos, y a los tristes
El duro humor y la fatiga aumenta,
Salto, al sol, como un ebrio. Con las manos
Mi frente oprimo, y de los turbios ojos   60
Brota raudal de lágrimas. ¡Y miro
El Sol tan bello y mi desierta alcoba,
Y mi virtud inútil, y las fuerzas
Que cual tropel famélico de hirsutas
Fieras saltan de mí buscando empleo;   65
Y el aire hueco palpo, y en el muro
Frío y desnudo el cuerpo vacilante
Apoyo, y en el cráneo estremecido
En agonía flota el pensamiento,
Cual leño de bajel despedazado   70
Que el mar en furia a playa ardiente arroja!

¡Y echo a andar, como un muerto que camina,
Loco de amor, de soledad, de espanto!
¡Amar, agobia! ¡Es tósigo[4] el exceso
De amor! Y la prestada casa oscila   75
Cual barco en tempestad: ¡en el destierro
Náufrago es todo hombre, y toda casa
Inseguro bajel, al mar vendido!

¡Solo las flores del paterno prado
Tienen olor! ¡Solo las seiba[5] patrias   80
Del sol amparan! Como en vaga nube
Por suelo extraño se anda; las miradas
Injurias nos parecen, y el sol mismo,
¡Más que en grato calor, enciende en ira!
¡No de voces queridas puebla el eco   85
Los aires de otras tierras: y no vuelan
Del arbolar espeso entre las ramas
Los pálidos espíritus amados!
De carne viva y profanadas frutas
Viven los hombres, —¡ay! mas el proscripto   90
¡De sus entrañas propias se alimenta!
¡Tiranos: desterrad a los que alcanzan
El honor de vuestro odio: ya son muertos!
Valiera más ¡oh bárbaros! que al punto
De arrebatarlos al hogar, hundiera   95
En lo más hondo de su pecho honrado

---

[4] Tósigo: sustancia que, al ser ingerida, provoca la muerte o deteriora gravemente la salud.

[5] Seiba: ceiba, árbol americano de tronco grueso y de color ceniciento.

Vuestro esbirro más cruel su hoja más dura!
Grato es morir, horrible, vivir muerto.
Mas no! mas no! La dicha es una prenda
De compasión de la fortuna al triste   100
Que no sabe domarla: a sus mejores
Hijos desgracias da Naturaleza:
Fecunda el hierro al llano, el golpe al hierro!

CANTO DE OTOÑO

Bien; ya lo sé!: —la Muerte está sentada
A mis umbrales: cautelosa viene,
Porque sus llantos y su amor no apronten
En mi defensa, cuando lejos viven
Padres e hijo. —Al retornar ceñudo   5
De mi estéril labor, triste y oscura,
Con que a mi casa del invierno abrigo,
De pie sobre las hojas amarillas,
En la mano fatal la flor del sueño,
La negra toca en alas rematada,   10
Ávido el rostro, —trémulo la miro
Cada tarde aguardándome a mi puerta.
En mi hijo pienso, y de la dama oscura
Huyo sin fuerzas, devorado el pecho
De un frenético amor! Mujer más bella   15
No hay que la Muerte!: por un beso suyo
Bosques espesos de laureles varios,
Y las adelfas del amor, y el gozo

De remembrarme mis niñeces diera!
... Pienso en aquel a quien mi amor culpable   20
Trajo a vivir, —y, sollozando, esquivo
De mi amada los brazos: —mas ya gozo
De la aurora perenne el bien seguro.
Oh, vida, adiós: —quien va a morir, va muerto.

   Oh, duelos con la sombra: oh, pobladores   25
Ocultos del espacio: oh formidables
Gigantes que a los vivos azorados
Mueven, dirigen, postran, precipitan!
Oh, cónclave de jueces, blandos solo
A la virtud, que en nube tenebrosa,   30
En grueso manto de oro recogidos,
Y duros como peña, aguardan torvos
A que al volver de la batalla rindan
—Como el frutal sus frutos—
De sus obras de paz los hombres cuenta,   35
De sus divinas alas!... de los nuevos
Árboles que sembraron, de las tristes
Lágrimas que enjugaron, de las fosas
Que a los tigres y víboras abrieron,
Y de las fortalezas eminentes   40
Que al amor de los hombres levantaron!
¡Esta es la dama, el Rey, la patria, el premio
Apetecido, la arrogante mora
Que a su brusco señor cautiva espera
Llorando en la desierta barbacana!:   45
Este el santo Salem, este el Sepulcro
De los hombres modernos: —no se vierta

Más sangre que la propia! no se bata
Sino al que odie al amor! únjanse presto
Soldados del amor los hombres todos!:   50
La tierra entera marcha a la conquista
De este rey y señor, que guarda el cielo!
... Viles: el que es traidor a sus deberes,
Muere como un traidor, del golpe propio
De su arma ociosa el pecho atravesado!   55
¡Ved que no acaba el drama de la vida
En esta parte oscura! ¡Ved que luego
Tras la losa de mármol o la blanda
Cortina de humo y césped se reanuda
El drama portentoso! ¡y ved, oh viles,   60
Que los buenos, los tristes, los burlados,
Serán en la otra parte burladores!

Otros de lirio y sangre se alimenten:
¡Yo no! ¡yo no! Los lóbregos espacios
Rasgué desde mi infancia con los tristes   65
Penetradores ojos: el misterio
En una hora feliz de sueño acaso
De los jueces así, y amé la vida
Porque del doloroso mal me salva
De volverla a vivir. Alegremente   70
El peso eché del infortunio al hombro:
Porque el que en huelga y regocijo vive
Y huye el dolor, y esquiva las sabrosas
Penas de la virtud, irá confuso
Del frío y torvo juez a la sentencia,   75
Cual soldado cobarde que en herrumbre

Dejó las nobles armas; ¡y los jueces
No en su dosel lo ampararán, no en brazos
Lo encumbrarán, mas lo echarán altivos
A odiar, a amar y batallar de nuevo   80
En la fogosa sofocante arena!
¡Oh! ¿qué mortal que se asomó a la vida
Vivir de nuevo quiere?...
                Puede ansiosa
La Muerte, pues, de pie en las hojas secas,
Esperarme a mi umbral con cada turbia   85
Tarde de otoño, y silenciosa puede
Irme tejiendo con helados copos
Mi manto funeral.
             No di al olvido
Las armas del amor: no de otra púrpura
Vestí que de mi sangre.   90
Abre los brazos, listo estoy, madre Muerte:
Al juez me lleva!

Hijo!... Qué imagen miro? qué llorosa
Visión rompe la sombra, y blandamente
Como con luz de estrella la ilumina?   95
Hijo!... qué me demandan tus abiertos
Brazos? a qué descubres tu afligido
Pecho? por qué me muestras tus desnudos
Pies, aún no heridos, y las blancas manos
Vuelves a mí?   100

Cesa! calla! reposa! vive: el padre
No ha de morir hasta que la ardua lucha

Rico de todas armas lance al hijo!—
Ven, oh mi hijuelo, y que tus alas blancas
De los abrazos de la muerte oscura   105
Y de su manto funeral me libren!

EL PADRE SUIZO

«El Miércoles por la noche, cerca de París conda-
do de Logan, un suizo, llamado Edward Schwerzmann, llevó a sus tres hijos, de 18 meses el uno y 4
y 5 años los otros, al borde de un pozo y los echó
en el pozo, y él se echó tras ellos. Dicen que
Schwerzmann obró en un momento de locura.»
Telegrama publicado en Nueva York.

Dicen que un suizo, de cabello rubio
Y ojos secos y cóncavos, mirando
Con desolado amor a sus tres hijos,
Besó sus pies, sus manos, sus delgadas,
Secas, enfermas, amarillas manos: 5
Y súbito, tremendo, cual airado
Tigre que al cazador sus hijos roba,
Dio con los tres, y con sí mismo luego,
En hondo pozo, —y los robó a la vida!
Dicen que el bosque iluminó radiante   10
Una rojiza luz, y que a la boca
Del pozo oscuro —sueltos los cabellos
Cual corona de llamas que al monarca
Doloroso, al humano, solo al borde

Del antro funeral la sien desciñe,—   15
La mano ruda a un tronco seco asida,—
Contra el pecho huesoso, que sus uñas
Mismas sajaron, los hijuelos mudos
Por su brazo sujetos, como en noche
De tempestad las aves en su nido,—   20
El alma a Dios, los ojos a la selva,
Retaba el suizo al cielo, y en su torno
Pareció que la tierra iluminaba
Luz de héroe, y que el reino de la sombra
La muerte de un gigante estremecía!   25

¡Padre sublime, espíritu supremo
Que por salvar los delicados hombros
De sus hijuelos, de la carga dura
De la vida sin fe, sin patria, torva
Vida sin fin seguro y cauce abierto,   30
Sobre sus hombros colosales puso
De su crimen feroz la carga horrenda!
Los árboles temblaban, y en su pecho
Huesoso, los seis ojos espantados
De los pálidos niños, seis estrellas   35
Para guiar al padre iluminadas,
Por el reino del crimen, parecían!
¡Ve, bravo! ve, gigante! ve, amoroso
Loco! y las venenosas zarzas pisa
Que roen como tósigos las plantas   40
Del criminal, en el dominio lóbrego
Donde andan sin cesar los asesinos!

¡Ve! —que las seis estrellas luminosas
Te seguirán, y te guiarán, y ayuda
A tus hombros darán cuantos hubieran   45
Bebido el vino amargo de la vida!

FLORES DEL CIELO

Leí estos dos versos de Ronsard:

Je vous envoye un bouquet que ma main
Vient de trier de ces fleurs épanouies [6],

y escribí esto:

Flores? No quiero flores! Las del cielo
Quisiera yo segar!
             Cruja, cual falda
De monte roto, esta cansada veste
Que me encinta y engrilla con sus miembros
Como con sierpes, y en mi alma sacian   5
Su hambre, y asoman a la cueva lóbrega
Donde mora mi espíritu, su negra
Cabeza, y boca roja y sonriente!
Caiga, como un encanto, este tejido
Enmarañado de raíces! —Surjan   10
Donde mis brazos alas, —y parezca

---

[6] Yo le envío un ramo de estas flores abiertas que mi mano
acaba de componer.

Que, al ascender por la solemne atmósfera,
De mis ojos, del mundo a que van, llenos,
Ríos de luz sobre los hombres rueden!

Y huelguen por los húmedos jardines   15
Bardos tibios segando florecillas:—
Yo, pálido de amor, de pie en las sombras,
Envuelto en gigantesca vestidura
De lumbre astral, en mi jardín, el cielo,
Un ramo haré magnífico de estrellas: 20
¡No temblará de asir la luz mi mano!

Y buscaré, donde las nubes duermen,
Amada, y en su seno la más viva
Le prenderé, y esparciré las otras
Por su áurea y vaporosa cabellera.   25

COPA CICLÓPEA

El sol alumbra: ya en los aires miro
La copa amarga: ya mis labios tiemblan.
No de temor, que prostituye,—de ira!...
El Universo, en las mañanas alza
Medio dormido aún de un dulce sueño   5
En las manos la tierra perezosa,
Copa inmortal, donde
Hierven al sol las fuerzas de la vida!—
Al niño triscador, al venturoso
De alma tibia y mediocre, a la fragante   10

Mujer que con los ojos desmayados
Abrirse ve en el aire extrañas rosas,
Iris la tierra es, roto en colores,—
Raudal que juvenece, y rueda limpio
Por perfumado llano, y al retozo   15
Y al desmayo después plácido brinda!—
Y para mí, porque a los hombres amo
Y mi gusto y mi bien terco descuido,
La tierra melancólica aparece
Sobre mi frente que la vida bate,   20
De lúgubre color inmenso yugo!
La frente encorvo, el cuello manso inclino
Y, con los labios apretados,—muero.

POMONA

Oh, ritmo de la carne, oh melodía,
Oh licor vigorante, oh filtro dulce
De la hechicera forma!—no hay milagro
En el cuento de Lázaro[7], si Cristo
Llevó a su tumba una mujer hermosa!   5

Qué soy—quién es, sino Memnón[8] en donde
Toda la luz del Universo canta,—

---

[7] Lázaro: personaje que aperece en el Evangelio según San
Lucas, libro del Nuevo Testamento. Jesucristo, mediante un milagro, le devolvió la movilidad, pues era paralítico.

[8] Memnón: héroe mitológico de la guerra de Troya, hijo de
Titón y de la Aurora.

Y cauce humilde en que van revueltas.
Las eternas corrientes de la vida?
—Iba,—como arroyuelo que cansado   10
De regar plantas ásperas fenece.
Y, de amor por el noble sol, transido,
A su fuego con gozo se evapora:
Iba,—cual jarra que el licor ligero
Hinche, sacude, en el fermento rompe   15,
Y en silenciosos hilos abandona:
Iba,—cual gladiador que sin combate
Del incólume escudo ampara el rostro
Y el cuerpo rinde en la ignorada arena.
... Y súbito,—las fuerzas juveniles   20
De un nuevo mar, el pecho rebosante
Hinchan y embargan,—el cansado brío
Arde otra vez,—y puebla el aire sano
Música suave y blando olor de mieles!
Porque a mis ojos los fragantes brazos   25
En armónico gesto alzó Pomona.

MEDIA NOCHE

Oh qué verguenza!:—El sol ha iluminado
La tierra: el amplio mar en sus entrañas
Nuevas columnas a sus naves rojas
Ha levantado: el monte, granos nuevos
Juntó en el curso del solemne día   5
A sus jaspes y breñas: en el vientre

De las aves y bestias nuevos hijos
Vida, que es forma, cobran: en las ramas
Las frutas de los árboles maduran:—
Y yo, mozo de gleba, he puesto solo,   10
Mientras que el mundo gigantesco crece,
Mi jornal en las ollas de la casa!
Por Dios, que soy un vil:—No en vano el sueño
A mis pálidos ojos es negado!
No en vano por las calles titubeo   15
Ebrio de un vino amargo, cual quien busca
Fosa ignorada donde hundirse, y nadie
Su crimen grande y su ignominia sepa!
No en vano el corazón me tiembla ansioso
Como el pecho sin calma de un malvado!   20

   El cielo, el cielo, con sus ojos de oro
Me mira, y ve mi cobardía, y lanza
Mi cuerpo fugitivo por la sombra
Como quien loco y desolado huye
De un vigilante que en sí mismo lleva!   25
La tierra es soledad! ¡la luz se enfría!
¿Adónde iré que este volcán se apague?
¿Adónde iré que el vigilante duerma?

   Oh, sed de amor —oh, corazón, prendado
De cuanto vivo el Universo habita: 30
Del gusanillo verde en que se trueca
La hoja del árbol: —del rizado jaspe
En que las ondas de la mar se cuajan:—
De los árboles presos, que a los ojos

Me sacan siempre lágrimas; del lindo 35
Bribón gentil que con los pies desnudos
En fango y nieve, diario o flor pregona.
Oh, corazón,—que en el carnal vestido
No hierros de hacer oro, ni belfudos
Labios glotones y sensuosos mira,— 40
Sino corazas de batalla, y hornos
Donde la vida universal fermenta!—

Y yo, pobre de mí! preso en mi jaula,
La gran batalla de los hombres miro!—

HOMAGNO

Homagno sin ventura
La hirsuta y retostada cabellera
Con sus pálidas manos se mesaba.

«Máscara soy, mentira soy, decía;
Estas carnes y formas, estas barbas 5
Y rostro, estas memorias de la bestia,
Que como silla a lomo de caballo
Sobre el alma oprimida echan y ajustan,
Por el rayo de luz que el alma mía
En la sombra entrevé,—no son Homagno! 10

Mis ojos solo, ¡voto a la luz!
Que me revelan mi disfraz, son míos:
Queman, me queman, nunca duermen, oran,

Y en mi rostro los siento y en el cielo,
Y le cuentan de mí, y a mí de él cuentan.   15
Por qué, por qué, para cargar en ellos
Un grano ruin de alpiste mal trojado
Talló el Creador mis colosales hombros?
Ando, pregunto, ruinas y cimientos
Vuelco y sacudo, a delirantes sorbos   20
En la Creación, la madre de mil pechos,
Las fuentes todas de la vida aspiro:
Muerdo, atormento, beso las calladas
Manos de piedra que golpeo.
Con demencia amorosa su invisible   25
Cabeza con las secas manos mías
Acaricio y destrenzo: por la tierra
Me tiendo compungido y los confusos
Pies, con mi llanto baño y con mis besos.
Y en medio de la noche, palpitante,   30
Con mis voraces ojos en el cráneo
Y en sus órbitas anchas encendidos,
Trémulo, en mí plegado, hambriento espero,
Por si al próximo sol respuestas vienen
Y a cada nueva luz—de igual enjuto   35
Modo, y ruin, la vida me aparece,
Como gota de leche que en cansado
Pezón, al terco ordeño, titubea,—
Como carga de hormiga,—como taza
De agua añeja en la jaula de un jilguero.—»   40
Remordidas y rotas, ramos de uvas
Estrujadas y negras, las ardientes
Manos del triste Homagno parecían!

Y la tierra en silencio, y una hermosa
Voz de mi corazón, me contestaron.   45

YUGO Y ESTRELLA

Cuando nací, sin sol, mi madre dijo:
—Flor de mi seno, Homagno generoso,
De mí y del vil mundo copia suma.
Pez que en ave y corcel y hombre se torna,
Mira estas dos, que con dolor te brindo,   5
Insignias de la vida: ve y escoge.
Este, es un yugo: quien lo acepta, goza:
Hace de manso buey, y como presta
Servicio a los señores, duerme en paja
Caliente, y tiene rica y ancha avena.   10
Esta, oh misterio que de mí naciste
Cual la cumbre nació de la montaña,
Esta, que alumbra y mata, es una estrella:
Como que riega luz, los pecadores
Huyen de quien la lleva, y en la vida,   15
Cual un monstruo de crímenes cargado,
Todo el que lleva luz se queda solo.
Pero el hombre que al buey sin pena imita,
Buey vuelve a ser, y en apagado bruto
La escala universal de nuevo empieza   20
El que la estrella sin temor se ciñe
Como que crea, crece!
                              Cuando al mundo

De su copa el licor vació ya el vivo:
Cuando, para manjar de la sangrienta
Fiesta humana, sacó contento y grave   25
Su propio corazón: cuando a los vientos
De Norte y Sur virtió su voz sagrada,—
La estrella como un manto, en luz lo envuelve,
Se enciende, como a fiesta, el aire claro,
Y el vivo que a vivir no tuvo miedo,   30
Se oye que un paso más sube en la sombra!

—Dame el yugo, oh mi madre, de manera
Que puesto en él de pie, luzca en mi frente
Mejor la estrella que ilumina y mata.

ISLA FAMOSA

Aquí estoy, solo estoy, despedazado.
Ruge el cielo: las nubes se aglomeran,
Y aprietan, y ennegrecen, y desgajan:
Los vapores del mar la roca ciñen.
Sacra angustia y horror mis ojos comen: 5
A qué, Naturaleza embravecida,
A qué la estéril soledad en torno
De quién de ansia de amor rebosa y muere?
Dónde, Cristo sin cruz, los ojos pones?
Dónde, oh sombra enemiga, dónde el ara   10
Digna por fin de recibir mi frente?
En pro de quién derramaré mi vida?

119

—Rasgose el velo: por un tajo ameno
De claro azul, como en sus lienzos abre
Entre mazos de sombra Díaz[9] famoso,   15
El hombre triste de la roca mira
En lindo campo tropical, galanes
Blancos, y Venus negras, de unas flores
Fétidas y fangosas coronados:
Danzando van: a cada giro nuevo   20
Bajo los muelles pies la tierra cede!
Y cuando en ancho beso los gastados
Labios sin lustre, ya, trémulos juntan,
Sáltanles de los labios agoreras
Aves tintas en hiel, aves de muerte.   25

SED DE BELLEZA

Solo, estoy solo: viene el verso amigo,
Como el esposo diligente acude
De la erizada tórtola al reclamo.
Cual de los altos montes en deshielo
Por breñas y por valles en copiosos   5
Hilos las nieves desatadas bajan —
Así por mis entrañas oprimidas
Un balsámico amor y una avaricia
Celeste, de hermosura se derraman.

---

[9] Díaz famoso: Narciso Virgilio Díaz de la Peña (1807-
1876), pintor francés de origen español. Destacó como paisa-
jista.

Tal desde el vasto azul, sobre la tierra,   10
Cual si de alma de virgen la sombría
Humanidad sangrienta perfumasen,
Su luz benigna las estrellas vierten
Esposas del silencio! —y de las flores
Tal el aroma vago se levanta.   15

    Dadme lo sumo y lo perfecto: dadme
Un dibujo de Angelo: una espada
Con puño de Cellini [10], más hermosa
Que las techumbres de marfil calado
Que se place en labrar Naturaleza.   20
El cráneo augusto dadme donde ardieron
El universo Hamlet y la furia
Tempestuosa del moro: —la manceba
India que a orillas del ameno río
Que del viejo Chichén [11] los muros baña   25
A la sombra de un plátano pomposo
Y sus propios cabellos, el esbelto
Cuerpo bruñido y nítido enjugaba.
Dadme mi cielo azul..., dadme la pura,

---

[10] Benvenuto Cellini (1500-1571), escultor y orfebre italiano.
No hemos podido identificar al Angelo del verso anterior, aunque posiblemente se refiera a Michelangelo Buonarroti (1475-1564), conocido en español como Miguel Ángel, uno de los grandes genios del arte renacentista italiano.

[11] Chichén: ciudad maya del siglo VI, conocida como Chichén Viejo. En el siglo X se levantó sobre ella la ciudad de Chichén Itzá, uno de los grandes centros políticos y religiosos de la civilización maya.

La inefable, la plácida, la eterna   30
Alma de mármol que al soberbio Louvre
Dio, cual su espuma y flor, Milo famosa.

OH, MARGARITA!

Una cita a la sombra de tu oscuro
Portal donde el friecillo nos convida
A apretarnos los dos, de tan estrecho
Modo, que un solo cuerpo los dos sean:
Deja que el aire zumbador resbale,   5
Cargado de salud, como travieso
Mozo que las corteja, entre las hojas,
            Y en el pino
Rumor y majestad mi verso aprenda.
Solo la noche del amor es digna.   10
La soledad, la oscuridad convienen.
Ya no se puede amar, ¡oh Margarita!

ÁGUILA BLANCA

De pie, cada mañana,
Junto a mi áspero lecho está el verdugo.—
Brilla el sol, nace el mundo, el aire ahuyenta
Del cráneo la malicia,—
Y mi águila infeliz, mi águila blanca   5
Que cada noche en mi alma se renueva,

Al alba universal las alas tiende
Y camino del sol emprende el vuelo.
Más silencioso el bárbaro verdugo
Sin piedad y sin duda, con sus férreas   10
Manos [¿se alza?] cada mañana.
Y en vez del claro vuelo al sol altivo
Por entre pies, ensangrentada, y rota,
De un grano en busca el águila rastrea.
Oh noche, sol del triste, amable seno   15
Donde su fuerza el corazón revive
Perdura, apaga el sol, toma la forma
De mujer, libre y pura, a que yo pueda
Ungir tus pies, y con mis besos locos
Ceñir tu frente y calentar tus manos.   20
Líbrame, eterna noche, del verdugo,
O dale, a que me dé con la primera
Alba, una limpia y redentora espada
Que con qué la has de hacer? Con luz
                                    [de estrellas!

AMOR DE CIUDAD GRANDE

De gorja son y rapidez los tiempos.
Corre cual luz la voz; en alta aguja,
Cual nave despeñada en sirte horrenda,
Húndese el rayo, y en ligera barca
El hombre, como alado, el aire hiende.   5
¡Así el amor, sin pompa ni misterio

Muere, apenas nacido, de saciado!
Jaula es la villa de palomas muertas
Y ávidos cazadores! Si los pechos
Se rompen de los hombres, y las carnes   10
Rotas por tierra ruedan, no han de verse
Dentro más que frutillas estrujadas!

Se ama de pie, en las calles, entre el polvo
De los salones y las plazas; muere
La flor que nace. Aquella virgen   15
Trémula que antes a la muerte daba
La mano pura que a ignorado mozo;
El goce de temer; aquel salirse
Del pecho el corazón; el inefable
Placer de merecer; el grato susto   20
De caminar de prisa en derechura
Del hogar de la amada, y a sus puertas
Como un niño feliz romper en llanto;—
Y aquel mirar, de nuestro amor al fuego,
Irse tiñendo de color las rosas,—   25
Ea, que son patrañas! Pues ¿quién tiene
Tiempo de ser hidalgo? Bien que sienta
Cual áureo vaso o lienzo suntuoso,
Dama gentil en casa de magnate!
O si se tiene sed, se alarga el brazo   30
Y a la copa que pasa se la apura!
Luego, la copa turbia al polvo rueda,
Y el hábil catador, —manchado el pecho
De una sangre invisible, —sigue alegre,
Coronado de mirtos, su camino!   35

No son los cuerpos ya sino desechos,
Y fosas, y jirones! Y las almas
No son como en el árbol fruta rica
En cuya blanda piel la almíbar dulce
En su sazón de madurez rebosa,—   40
Sino fruta de plaza que a brutales
Golpes el rudo labrador madura!

 ¡La edad es esta de los labios secos!
De las noches sin sueño! De la vida
Estrujada en agraz! ¿Qué es lo que falta   45
Que la ventura falta? Como liebre
Azorada, el espíritu se esconde,
Trémulo huyendo al cazador que ríe,
Cual en soto selvoso, en nuestro pecho;
Y el deseo, de brazo de la fiebre,   50
Cual rico cazador recorre el soto.

 ¡Me espanta la ciudad! ¡Toda está llena
De copas por vaciar, o huecas copas!
¡Tengo miedo ¡ay de mí! de que este vino
Tósigo sea, y en mis venas luego   55
Cual duende vengador los dientes clave!
¡Tengo sed,— mas de un vino que en la tierra
No se sabe beber! ¡No he padecido
Bastante aún, para romper el muro
Que me aparta ¡oh dolor! de mi viñedo!   60
¡Tomad vosotros, catadores ruines
De vinillos humanos, esos vasos

Donde el jugo de lirio a grandes sorbos
Sin compasión y sin temor se bebe!
Tomad! Yo soy honrado, y tengo miedo!   65

HE VIVIDO: ME HE MUERTO

He vivido: me he muerto: y en mi andante
Fosa sigo viviendo: una armadura
Del hierro montaraz del siglo octavo
Menos, sí, menos que mi rostro pesa.
Al cráneo inquieto lo mantengo fijo   5
Porque al rodar por tierra, el mar de llanto
.... no asombre.
Quejarme, no me quejo: es de lacayos
Quejarse, y de menores, y de damas,
Y de aprendices de la trova, manos   10
Nuevas en liras viejas: —Pero vivo
Cual si mi ser entero en un agudo
Desgarrador sollozo se exhalara—
De tierra, a cada sol mis restos propios
Recojo, presto los apilo, a rastras,   15
A la implacable luz y a los voraces
Hombres, cual si vivieran los paseo:
Mas si frente a la luz me fuese dado
Como en la sombra do duermo, al polvo
Mis disfraces echar, viérase súbito   20
Un cuerpo sin calor venir a tierra
Como montaña muerta que en sus propias
Inanimadas faldas se derrumba.

He vivido: al deber juré mis armas
Y ni una vez el sol dobló las cuestas   25
Sin que mi lidia y mi victoria viere:—
Ni hablar, ni ver, ni pensar yo quisiera!
Cruzados ambos brazos como en nube
Parda, en mortal sosiego me hundiría.
De noche, cuando al sueño a sus soldados   30
En el negro cuartel llama la vida,
La espalda vuelvo a cuanto vive: al muro
La frente doy, y como jugo y copia
De mis batallas en la tierra miro —
La rubia cabellera de una niña   35
Y la cabeza blanca de un anciano!

ESTROFA NUEVA

Cuando, oh Poesía,
Cuando en tu seno reposar me es dado!—
Ancha es y hermosa y fúlgida la vida:
¡Que este o aquel o yo vivamos tristes,
Culpa de este o aquel será, o mi culpa!   5
Nace el corcel, del ala más lejano
Que el hombre, en quien el ala encumbradora

Ya en sus ingentes brazos se diseña.
Sin más brida el corcel nace que el viento
Espoleador y flameador,—al hombre   10
La vida echa sus riendas en la cuna!

Si las tuerce o revuelve, y si tropieza
Y da en atolladero, a sí se culpe
Y del incendio o del zarzal redima
La destrozada brida: sin que al noble   15
Sol y .... vida desafíe.
De nuestro bien o mal autores somos,
Y cada cual autor de sí: la queja
A la torpeza y la deshonra añade
De nuestro error: cantemos, sí, cantemos   20
Aunque las hidras nuestro pecho roan,
El Universo colosal y hermoso!

Un obrero tiznado, una enfermiza
Mujer, de faz enjuta y dedos gruesos:
Otra que al dar al sol los entumidos   25
Miembros en el taller, como una egipcia
Voluptuosa y feliz, la saya burda
En las manos recoge y canta, y danza:
Un niño que sin miedo a la ventisca,
Como el soldado con el arma al hombro,   30
Va con sus libros a la escuela: el denso
Rebaño de hombres que en silencio triste
Sale a la aurora y con la noche vuelve,
Del pan del día en la difícil busca,—
Cual la luz a Memnón, mueven mi lira.   35
Los niños, versos vivos, los heroicos
Y pálidos ancianos, los oscuros
Hornos donde en bridón o tritón truecan
Los hombres victoriosos las montañas.

Astiánax son y Andrómaca [12] mejores,   40
Mejores, sí que los del viejo Homero.

   Naturaleza, siempre viva: el mundo
De minotauro yendo a mariposa
Que de rondar el Sol enferma y muere:
Dejad, por Dios, que la mujer cansada   45
De amar, con leche y menjurjes híbleos [13]
Su piel rugosa y su beldad restaure
Repíntense las viejas: la doncella
Con rosas naturales se corone:—
La sed de luz, que como el mar salado   50
La de los labios, con el agua amarga
De la vida se irrita: la columna
Compacta de asaltantes, que sin miedo,
Al Dios de ayer sobre los flacos hombros
La mano libre y desferrada ponen,—   55
Y los ligeros pies en el vacío,—
Poesía son y estrofa alada, y grito
Que ni en tercetos ni en octava estrecha
Ni en remilgados serventesios caben:

   Vaciad un monte,—en tajo de sol vivo   60
Tallad un plectro: o de la mar brillante

---

[12] Andrómaca era la madre de Astiánax y la esposa de Héctor. En la *Ilíada*, tras la muerte de este, se convierte en esclava de Pirro, hijo de Aquiles. Es un personaje que ha inspirado a autores de distintas épocas, como Eurípides, Virgilio o Racine.

[13] Híbleos: de Hiblea, monte y ciudad de la Sicilia antigua.

El seno rojo y nacarado, el molde
De la triunfante estrofa nueva sea!

Como nobles de Nápoles, fantasmas
Sin carnes ya y sin sangre, que en polvosos   65
Palacios muertos con añejas chupas
De comido blasón, a paso sordo
Andan, y al mundo que camina enseñan
Como un grito sin voz la seca encía,
Así, sobre los árboles cansados,   70
Y los ciriales rotos, y los huecos
De oxidadas diademas, duendecillos
Con chupa vieja y metro viejo asoman!
No en tronco seco y muerto hacen sus nidos
Alegres recaderos de mañana,   75
Las lindas aves cuerdas y gentiles:
Ramaje quieren suelto y denso, y tronco
Alto y robusto, en fibra rico y savia.
Mas con el sol se alza el deber: se pone
Mucho después que el sol: de la hornería   80
Y su batalla y su fragor cansada
La mente plena en el rendido cuerpo,
Atormentada duerme,—como el verso
Vivo en los aires, por la lira rota
Sin dar sonidos desalado pasa!   85
Perdona, pues, oh estrofa nueva, el tosco
Alarde de mi amor. Cuando, oh poesía,
Cuando en tu seno reposar me es dado.

MUJERES

I

Esta, es rubia: esta, oscura: aquella, extraña
Mujer de ojos de mar y cejas negras:
Y una cual palma egipcia alta y solemne
Y otra como un canario gorjeadora.
Pasan, y muerden: los cabellos luengos   5
Echan, como una red: como un juguete
La lánguida beldad ponen al labio
Casto y febril del amador que a un templo
Con menos devoción que al cuerpo llega
De la mujer amada: ella, sin velos   10
Yace, y a su merced:—él, casto y mudo
En la inflamada sombra alza dichoso
Como un manto imperial de luz de aurora.
Cual un pájaro loco en tanto ausente
En frágil rama y en menudas flores,   15
De la mujer el alma travesea:
Noble furor enciende al sacerdote,
Y a la insensata, contra el ara augusta
Como una copa de cristal rompiera:—
Pájaros, solo pájaros: el alma   20
Su ardiente amor reserva al Universo.

II

Vino hirviente es amor: del vaso afuera,
Echa, brillando al Sol, la alegre espuma:

Y en sus claras burbujas, desmayados
Cuerpos, rizosos niños, cenadores   25
Fragantes y amistosas alamedas
Y juguetones ciervos se retratan:
De joyas, de esmeraldas, de rubíes,
De ónices, y turquesas y del duro
Diamante, al fuego eterno derretidos,   30
Se hace el vino satánico: mañana
El vaso sin ventura que lo tuvo
Cual comido de hienas, y espantosa
Lava mordente se verá quemado.

III

Bien duerma, bien despierte, bien recline— 35
Aunque no lo reclino— bien de hinojos,
Ante un niño que juega el cuerpo doble
Que no se dobla a viles ni a tiranos,
Siento que siempre estoy en pie:—si suelo,
Cual del niño en los rizos suele el aire   40
Benigno, en los piadosos labios tristes
Dejar que vuele una sonrisa,—es cierto
Que así, sépalo el mozo, así sonríen
Cuantos nobles y crédulos buscaron
El sol eterno en la belleza humana.   45
Solo hay un vaso que la sed apague
De hermosura y amor: Naturaleza
Abrazos deleitosos, híbleos besos
A sus amantes pródiga regala.

IV

Para que el hombre los tallara, puso   50
El monte y el volcán Naturaleza,—
El mar, para que el hombre ver pudiese
Que era menor que su cerebro:—en horno
Igual, sol, aire y hombres elabora.
Porque los dome, el pecho al hombre inunda   55
Con pardos brutos y con torvas fieras.
¡Y el hombre, no alza el monte: no en el libre
Aire, ni sol magnífico se trueca:
Y en sus manos sin honra, a las sensuales
Bestias del pecho el corazón ofrece: 60
A los pies de la esclava vencedora:
El hombre yace deshonrado, muerto.

ASTRO PURO

De un muerto, que al calor de un astro, puro,
De paso por la tierra, como un manto
De oro sintió sobre sus huesos tibios
El polvo de la tumba; al sol radiante
Resucitó gozoso, vivió un día,   5
Y se volvió a morir,—son estos versos:

Alma piadosa que a mi tumba llamas
Y cual la blanca luz de astros de Enero,
Por el palacio de mi pecho en ruinas

Entras, e irradias, y los restos fríos   10
De los que en él voraces habitaron
Truecas, oh maga!, en cándidas palomas:—
Espíritu, pureza, luz, ternura,
Ave sin pies que el ruido humano espanta,
Señora de la negra cabellera,   15
El verso muerto a tu presencia surge
Como a las dulces horas del rocío
En el oscuro mar el sol dorado,
Y álzase por el aire, cuanto existe
Cual su manto, en el vuelo recogiendo,   20
Y a ti llega, y se postra y por la tierra
En colosales pliegues
Con majestad de púrpura romana.
Besé tus pies,—te vi pasar: Señora,
Perfume y luz tiene por fin la tierra!   25
El verso aquel que a dentelladas duras
La vida diaria y ruin me remordía
Y en ásperos retazos, de mis secos
Y codiciosos labios se exhalaba,
Ora triunfante y melodioso bulle,   30
Y como ola del mar al sol sereno
Bajo el espacio azul rueda en espuma:
Oh mago, oh mago amor!
                                    Ya compañía
Tengo para [a]frontar la vida eterna:
Para la hora de la luz, la hora   35
De reposo y de flor, ya tengo cita.

Esto diciendo, los abiertos brazos
Tendió el cantor como a abrazar. El vivo
Amor que su viril estrofa mueve
Solo duró lo que su estrofa dura: 40
Alma infeliz el alma ardiente, aquella
En que el ascua más leve alza un incendio
....y el sueño
Que vio esplender, y quiso asir, hundiose
Como un águila muerta: el ígneo, el...   45
Calló, brilló, volvió solo a su tumba.

CRIN HIRSUTA

Que como crin hirsuta de espantado
Caballo que en los troncos secos mira
Garras y dientes de tremendo lobo,
Mi destrozado verso se levanta?...
Sí, pero se levanta!—a la manera,   5
Como cuando el puñal se hunde en el cuello
De la res, sube al cielo hilo de sangre:—
Solo el amor engendra melodías.

A LOS ESPACIOS

A los espacios entregarme quiero
Donde se vive en paz y con un manto

De luz, en gozo embriagador henchido,
Sobre las nubes blancas se pasea,—
Y donde Dante y las estrellas viven.   5
Yo sé, yo sé, porque lo tengo visto
En ciertas horas puras, cómo rompe
Su cáliz una flor,—y no es diverso
Del modo, no, con que lo quiebra el alma.
Escuchad, y os diré:—viene de pronto   10
Como una aurora inesperada, y como
A la primera luz de primavera
De flor se cubren las amables lilas...
Triste de mí: contároslo quería,
Y en espera del verso, las grandiosas   15
Imágenes en fila ante mis ojos
Como águilas alegres vi sentadas.
Pero las voces de los hombres echan
De junto a mí las nobles aves de oro.
Ya se van, ya se van: ved cómo rueda   20
La sangre de mi herida.
Si me pedís un símbolo del mundo
En estos tiempos, vedlo: una ala rota.
Se labra mucho el oro, el alma apenas!—
Ved cómo sufro: vive el alma mía   25
Cual cierva en una cueva acorralada:—
Oh no—no está bien: me vengaré, llorando!

PÓRTICO

Frente a casas ruines, en los mismos
Sacros lugares donde Franklin[14] bueno
Citó al rayo y lo ató,—por entre truncos
Muros, cerros de piedras, boqueantes
Fosos, y los cimientos asomados   5
Como dientes que nacen a una encía
Un pórtico gigante se elevaba.
Rondaba cerca de él la muchedumbre
.... que siempre en torno
De las fábricas nuevas se congrega: 10
Cuál, que esta es siempre distinción de necios
Absorto ante el tamaño: piedra el otro
Que no penetra el sol, y cuál en ira
De que fuera mayor que su estatura.
Entre el tosco andamiaje, y las nacientes   15
Paredes, el pórtico,
En un cráneo sin tope parecía
Un labio enorme, lívido e hinchado.
Ruedas y hombres el aire sometieron;
Trepaban en la sombra: más arriba   20
Fueron que las iglesias: de las nubes
La fábrica magnífica colgaron:
Y en medio entonces de los altos muros
Se vio el pórtico en toda su hermosura.

---

[14] Benjamin Franklin (1706-1790): físico y político estadounidense que enunció el principio de la conservación de la electricidad, descubrió el carácter eléctrico de los rayos atmosféricos e inventó el pararrayos.

MANTILLA ANDALUZA

Por qué no acaba todo, ora que puedes
Arrebujarme por el largo viaje
Con tu mantilla pálida andaluza?
No me avergüenzo, no, de que me encuentren
Clavado el corazón con tu peineta!   5

Te vas! como invisible escolta, surgen
Sobre sus tallos frescos, a seguirte
Mis jazmines sin mancha y mis claveles:
Te vas! todos se van!: y tú me miras,
Oh perla pura en flor, como quien echa   10
En honda copa joya resonante,—
Y a tus manos tendidas me abalanzo
Como a un cesto de frutas un sediento.

De la tierra mi espíritu levantas
Como el ave amorosa a su polluelo.   15

POETA

Como nacen las palmas en la arena,
Y la rosa en orilla al mar salobre,
Así de mi dolor mis versos surgen
Convulsos, encendidos, perfumados.
Tal en los mares sobre el agua verde,   5
La vela hendida, el mástil trunco, abierto

A las ávidas olas el costado,
Después de la batalla fragorosa
Con los vientos, el buque sigue andando.

   Horror, horror! En tierra y mar no había   10
Más que crujidos, furia, niebla y lágrimas!
Los montes, desgajados, sobre el llano
Rodaban: las llanuras, mares turbios
En desbordados ríos convertidas,
Vaciaban en los mares; un gran pueblo   15
Del mar cabido hubiera en cada arruga:
Estaban en el cielo las estrellas
Apagadas: los vientos en jirones
Revueltos en la sombra, huían, se abrían
Al chocar entre sí, y se despeñaban: 20
En los montes del aire resonaban
Rodando con estrépito: en las nubes
Los astros locos se arrojaban llamas!

   Rió luego el Sol: en tierra y mar lucía
Una tranquila claridad de boda.   25
Fecunda y purifica la tormenta!
Del aire azul colgaban ya prendidos
Cual gigantescos tules, los rasgados
Mantos de los crespudos vientos, rotos
En el fragor sublime, siempre quedan   30
Por un buen tiempo luego de la cura
Los bordes de la herida sonrosados!
Y el barco; como un niño, con las olas,
Jugaba, se mecía, traveseaba.

ODIO EL MAR

Odio el mar, solo hermoso cuando gime
Del barco domador bajo la hendente
Quilla, y como fantástico demonio,
De un manto negro colosal tapado,
Encórvase a los vientos de la noche   5
Ante el sublime vencedor que pasa:—
Y a la luz de los astros, encerrada
En globos de cristales, sobre el puente
Vuelve un hombre impasible la hoja a un
                                          [libro.—

Odio el mar: vasto y llano, igual y frío   10
No cual la selva hojosa echa sus ramas
Como sus brazos, a apretar al triste
Que herido viene de los hombres duros
Y del bien de la vida desconfía;
No cual honrado luchador, en suelo   15
Firme y pecho seguro, al hombre aguarda
Sino en traidora arena y movediza,
Cual serpiente letal.—También los mares,
El sol también, también Naturaleza
Para mover al hombre a las virtudes,   20
Franca ha de ser, y ha de vivir honrada
Sin palmeras, sin flores, me parece
Siempre una tenebrosa alma desierta.

Que yo voy muerto, es claro: a nadie
                                        [importa

Y ni siquiera a mí: pero por bella,   25
Ígnea, varia, inmortal amo la vida.

Lo que me duele no es vivir: me duele
Vivir sin hacer bien. Mis penas amo,
Mis penas, mis escudos de nobleza.
No a la próvida vida haré culpable   30
De mi propio infortunio, ni el ajeno
Goce envenenaré con mis dolores.
Buena es la tierra, la existencia es santa.
Y en el mismo dolor, razones nuevas
Se hallan para vivir, y goce sumo,   35
Claro como una aurora y penetrante
Mueran de un tiempo y de una vez los necios
Que porque el llanto de sus ojos surge
Más grande y más hermoso que los mares.

Odio el mar, muerto enorme, triste muerto   40
De torpes y glotonas criaturas
Odiosas habitado: se parecen
A los ojos del pez que de harto expira
Los del gañán de amor que en brazos tiembla
De la horrible mujer libidinosa:—   45
Vilo, y lo dije:—algunos son cobardes,
Y lo que ven y lo que sienten callan:
Yo no: si hallo un infame al paso mío,
Dígole en lengua clara: ahí va un infame,
Y no, como hace el mar, escondo el pecho.   50
Ni mi sagrado verso nimio guardo
Para tejer rosarios a las damas
Y máscaras de honor a los ladrones:

141

Odio el mar, que sin cólera soporta
Sobre su lomo complaciente, el buque   55
Que entre música y flor trae a un tirano.

NOCHE DE MAYO

Con un astro la tierra se ilumina:
Con el perfume de una flor se llenan
Los ámbitos inmensos: como vaga,
Misteriosa envoltura, una luz tenue
Naturaleza encubre,—y una imagen   5
Misma, del linde en que se acaba, brota
Entre el humano batallar, silencio!
En el color, oscuridad! Enciende
El sol al pueblo bullicioso, y brilla
La blanca luz de luna!—En los ojos   10
La imagen va,—porque si fuera buscan
Del vaso herido la admirable esencia,
En haz de aromas a los ojos surge:—
Y si al peso del párpado obedecen,
Como flor que al plegar las alas pliega   15
Consigo su perfume, en el solemne
Templo interior como lamento triste
La pálida figura se levanta!
Divino oficio!: el Universo entero,
Su forma sin perder, cobra la forma   20
De la mujer amada, y el esposo
Ausente, el cielo póstumo adivina
Por el casto dolor purificado.

BANQUETE DE TIRANOS

Hay una raza vil de hombres tenaces
De sí propios inflados, y hechos todos,
Todos, del pelo al pie, de garra y diente;
Y hay otros, como flor, que al viento exhalan
En el amor del hombre su perfume.   5
Como en el bosque hay tórtolas y fieras
Y plantas insectívoras y pura
Sensitiva y clavel en los jardines.
De alma de hombres los unos se alimentan:
Los otros su alma dan a que se nutran   10
Y perfumen su diente los glotones,
Tal como el hierro frío en las entrañas
De la virgen que mata se calienta.

A un banquete se sientan los tiranos
Donde se sirven hombres: y esos viles   15
Que a los tiranos aman, diligentes
Cerebro y corazón de hombres devoran:
Pero cuando la mano ensangrentada
Hunden en el manjar, del mártir muerto
Surge una luz que los aterra, flores   20
Grandes como una cruz súbito surgen
Y huyen, rojo el hocico, y pavoridos
A sus negras entrañas los tiranos.

Los que se aman a sí: los que la augusta
Razón a su avaricia y gula ponen: 25
Los que no ostentan en la frente honrada

143

Ese cinto de luz que el yugo funde
Como el inmenso sol en ascuas quiebra
Los astros que a su seno se abalanzan:
Los que no llevan del decoro humano   30
Ornado el sano pecho: los menores
Y segundones de la vida, solo
A su goce ruin y medro atentos
Y no al concierto universal.

Danzas, comidas, músicas, harenes,   35
Jamás la aprobación de un hombre honrado.
Y si acaso sin sangre hacerse puede,
Hágase... clávalos, clávalos
En el horcón más alto del camino
Por la mitad de la villana frente.   40
A la grandiosa humanidad traidores,
Como implacable obrero
Que un féretro de bronce clavetea,
Los que contigo
Se parten la nación a dentelladas.   45

COPA CON ALAS

Una copa con alas: quién la ha visto
Antes que yo? Yo ayer la vi. Subía
Con lenta majestad, como quien vierte
Óleo sagrado: y a sus bordes dulces
Mis regalados labios apretaba:—   5

Ni una gota siquiera, ni una gota
Del bálsamo perdí que hubo en tu beso!

   Tu cabeza de negra cabellera
—Te acuerdas?— con mi mano requería,
Porque de mí tus labios generosos   10
No se apartaran.—Blanda como el beso
Que a ti me transfundía, era la suave
Atmósfera en redor: la vida entera
Sentí a mí abrazándote, abrazaba!
Perdí el mundo de vista, y sus ruidos   15
Y su envidiosa y bárbara batalla!
Una copa en los aires ascendía
Y yo, en brazos no vistos reclinado
Tras ella, asido de sus dulces bordes:
Por el espacio azul me remontaba!   20

   Oh amor, oh inmenso, oh acabado artista:
En rueda o riel funde el herrero el hierro:
Una flor o mujer o águila o ángel
En oro o plata el joyador cincela:
Tú solo, solo tú, sabes el modo   25
De reducir el Universo a un beso!

ÁRBOL DE MI ALMA

Como una ave que cruza el aire claro
Siento hacia mí venir tu pensamiento

Y acá en mi corazón hacer su nido.
Ábrese el alma en flor: tiemblan sus ramas
Como los labios frescos de un mancebo   5
En su primer abrazo a una hermosura;
Cuchichean las hojas: tal parecen
Lenguaraces obreras y envidiosas,
A la doncella de la casa rica
En preparar el tálamo ocupadas: 10
Ancho es mi corazón, y es todo tuyo:
Todo lo triste cabe en él, y todo
Cuanto en el mundo llora, y sufre, y muere!
De hojas secas, y polvo, y derruidas
Ramas lo limpio: bruño con cuidado   15
Cada hoja, y los tallos: de las flores
Los gusanos y el pétalo comido
Separo: oreo el césped en contorno
Y a recibirte, oh pájaro sin mancha
Apresto el corazón enajenado!   20

LUZ DE LUNA

Esplendía su rostro; por los hombros
Rubias guedejas le colgaban; era
Una caricia su sonrisa: era
Ciego de nacimiento: parecía
Que veía: tras los párpados callados   5
Como un lago tranquilo, el alma exenta
Del horror que en el mundo ven los ojos,

Sus apacibles aguas deslizaba:—
Tras los párpados blancos se veían
Aves de plata, estrellas voladoras,   10
En unas grutas pálidas los besos
Risueños disputándose la entrada,
Y en el dorso de cisnes navegando
Del ciego fiel los pensamientos puros.

Como una rama en flor al sosegado   15
Río silvestre que hacia el mar camina,
Una afable mujer se asomó al ciego:
Tembló, encendiose, se cubrió de rosas,
Y las pálidas manos del amante
Besó cien veces, y llenó con ellas:—   20
En la misma guirnalda entrelazados
Pasan los dos la generosa vida:
Tan grandes son las flores, que a su sombra
Suelen dormir la prolongada siesta.

Cual quien enfrena un potro que husmeando   25
Campo y batalla, en el portal sujeto
Mira, como quien muerde, al amo duro,—
Así, rebelde a veces, tras sus ojos
El pobre ciego el alma sujetaba:—
—Oh, si vieras!—los necios le decían   30
Que no han visto en sus almas—oh, si vieras
Cuando sobre los trigos requemados,
Su ejército de rayos el sol lanza:
Cómo chispean, cómo relucen, cómo,
Asta al aire, el hinchado campamento   35

147

Los cascos mueve y el plumón lustrosos.
Si vieras cómo el mar, roto y negruzco
Vuelca al barco infeliz, y encumbra al fuerte;
  Si vieses, infeliz, cómo la Tierra
Cuando la luna llena la ilumina, 40
Desposada parece que en los aires
Buscando va, con planta perezosa,
La casa florecida de su amado.
—Ha de ser, ha de ser como quien toca
La cabeza de un niño!—
            —Calla, ciego: 45
Es como asir en una flor la vida!

  De súbito vio el ciego: esta que esplende,
Dijéronle, es la luna: mira, mira
Qué mar de luz: abismos, ruinas, cuevas,
Todo por ella casto y blando luce 50
Como de noche el pecho de las tórtolas!
—Nada más?—dijo el ciego, y retornando
A su amada celosa los ya abiertos
Ojos, besole las manos trémulas
Humildemente, y díjole:
               No es nueva, 55
Para el que sabe amar, la luz de luna.

FLOR DE HIELO

Al saber que era muerto Manuel Ocaranza

Mírala: es negra! es torva! Su tremenda
Hambre la azuza. Son sus dientes hoces;
Antro su fauce; secadores vientos
Sus hálitos; su paso, ola que traga
Huertos y selvas; sus manjares, hombres. 5
Viene! escondeos, oh caros amigos,
Hijo del corazón, padres muy caros!
Do asoma, quema; es sorda, es ciega:
—El hambre ciega el alma y los ojos.
Es terrible el hambre de la Muerte! 10
                              No es ahora
La generosa, la clemente amiga
Que el muro rompe al alma prisionera
Y le abre el claro cielo fortunado;
No es la dulce, la plácida, la pía 15
Redentora de tristes, que del cuerpo,
Como de huerto abandonado, toma
El alma dolorida, y en más alto
Jardín la deja, donde blanda luna
Perpetuamente brilla, y crecen solo 20
En vástagos en flor blancos rosales:
No la esposa evocada; no la eterna
Madre invisible, que los anchos brazos,
Sentada en todo el ámbito solemne,
Abre a sus hijos, que la vida agosta; 25
Y a reposar y a reparar sus bríos

Para el fragor y la batalla nueva
Sus cabezas igníferas reclina
En su puro y jovial seno de aurora.
No: aun a la diestra del Señor sublime   30
Que envuelto en nubes, con sonora planta
Sobre cielos y cúspides pasea;
Aun en los bordes de la copa dívea
En colosal montaña trabajada
Por tallador cuyas tundentes manos   35
Hechas al rayo y trueno fragorosos
Como barro sutil la roca herían;
Aun a los lindes del gigante vaso
Donde se bebe al fin la paz eterna,
El mal, como un insecto, sus oscuros   40
Anillos mueve y sus antenas clava
Artero en los sedientos bebedores!

Sierva es la Muerte: sierva del callado
Señor de toda vida: salvadora
Oculta de los hombres! Mas el ígneo   45
Dueño a sus siervos implacable ordena
Que hasta rendir el postrimer aliento
A la sombra feliz del mirto de oro,
El bien y el mal el seno les combatan;
Y solo las eternas rosas ciñe   50
Al que a sus mismos ojos el mal torvo
En batalla final convulso postra.
Y pío entonces en la seca frente
Da aquel, en cuyo seno poderoso
No hay muerte ni dolor, un largo beso.   55

Y en la Muerte gentil, la Muerte misma,
Lidian el bien y el mal...! Oh dueño rudo,
A rebelión y admiración me mueve
Este misterio de dolor, que pena
La culpa de vivir, que es culpa tuya,   60
Con el dolor tenaz, martirio nuestro!
¿Es tu seno quizá tal hermosura
Y el placer de domar la interna fiera
Gozo tan vivo, que el martirio mismo
Es precio pobre a la final delicia?   65
Hora tremenda y criminal—oh Muerte—
Aquella en que en tu seno generoso
El hambre ardió, y en el ilustre amigo
Seca posaste la tajante mano!
No es, no, de tales víctimas tu empresa   70
Poblar la sombra! De cansados ruines,
De ancianos laxos, de guerreros flojos
Es tu oficio poblarla, y en tu seno
Rehacer al viejo la gastada vida
Y al soldado sin fuerzas la armadura.   75
Mas el taller de los creadores sea,
Oh Muerte: de tus hambres reservado:
Hurto ha sido; tal hurto, que en la sola
Casa, su pueblo entero los cabellos
Mesa, y su triste amigo solitario   80
Con gestos grandes de dolor sacude,
Por él clamando, la callada sombra:
Dime, torpe hurtadora, di el oscuro
Monte donde tu recia culpa amparas;
Y donde con la seca selva en torno   85

151

Cual cabellera de tu cráneo hueco,
En lo profundo de la tierra escondes
Tu generosa víctima! Di al punto
El antro, y a sus puertas con el pomo
Llamaré de mi espada vengadora!   90
Mas, ay! Que a dó me vuelvo? Qué soldado
A seguirme vendrá? Capua es la tierra,
Y de orto a ocaso, y a los cuatro vientos,
No hay más, no hay más que infames desertores
De pie sobre sus armas enmohecidas   95
En rellenar sus arcas afanados.

No de mármol son ya, ni son de oro,
Ni de piedra tenaz o hierro duro
Los divinos magníficos humanos.
De algo más torpe son: jaulas de carne   100
Son hoy los hombres, de los vientos crueles
Por mantos de oro y púrpura amparados,—
Y de la jaula en lo interior, un negro
Insecto de ojos ávidos y boca
Ancha y febril, retoza, come, ríe!   105
Muerte! el crimen fue bueno: guarda, guarda
En la tierra inmortal tu presa noble!

CON LETRAS DE ASTROS

Con letras de astros el horror que he visto
En el espacio azul grabar querría

En la llanura, muchedumbre:—en lo alto
Mientras que los de abajo andan y ruedan
Y sube olor de frutas estrujadas,   5
Olor de danza, olor de lecho, en lo alto
De pie entre negras nubes, y en sus hombros
Cual principio de alas se descuelgan,
Como un monarca sobre un trono, surge
Un joven bello, pálido y sombrío.   10
Como estrella apagada, en el izquierdo
Lado del pecho vésele abertura
Honda y boqueante, bien como la tierra
Cuando de cuajo un árbol se le arranca.
Abalánzanse, apriétanse, recógense,   15
Ante él, en negra tropa, toda suerte
De fieras, anca al viento, y bocas juntas
En una inmensa boca,—y en bordado
Plato de oro bruñido y perlas finas
Su corazón el bardo les ofrece.

MIS VERSOS VAN REVUELTOS

Mis versos van revueltos y encendidos
Como mi corazón: bien es que corra
Manso el arroyo que en fácil llano
Entre céspedes frescos se desliza:
Ay!; pero el agua que del monte viene   5
Arrebatada; que por hondas breñas
Baja, que la destrozan; que en sedientos

Pedregales tropieza, y entre rudos
Troncos salta en quebrados borbotones,
Cómo, despedazada, podrá luego   10
Cual lebrel de salón, jugar sumisa
En el jardín podado con las flores
O en pecera de oro ondear alegre
Para querer de damas olorosas?—

Inundará el palacio perfumado,   15
Como profanación: se entrará fiera
Por los joyantes gabinetes, donde
Los bardos, lindos como abates, hilan
Tiernas quintillas y romances dulces
Con aguja de plata en blanca seda.   20
Y sobre sus divanes espantadas
Las señoras, los pies de media suave
Recogerán —en tanto el agua rota,—
Falsa, como todo lo que expira,
Besa humilde el chapín abandonado,   25
Y en bruscos saltos destemplada muere!

POÉTICA

La verdad quiere cetro. El verso mío
Puede, cual paje amable, ir por lujosas
Salas, de aroma vario y luces ricas,
Temblando enamorado en el cortejo
De una ilustre princesa o gratas nieves   5

Repartiendo a las damas. De espadines
Sabe mi verso, y de jubón violeta
Y toca rubia, y calza acuchillada.
Sabe de vinos tibios y de amores
Mi verso montaraz; pero el silencio   10
Del verdadero amor, y la espesura
De la selva prolífica prefiere:
Cuál gusta del canario, cuál del águila!

LA POESÍA ES SAGRADA

La poesía es sagrada. Nadie
De otro la tome, sino en sí. Ni nadie
Como a esclava infeliz que el llanto enjuga
Para acudir a su inclemente dueña,
La llame a voluntad: que vendrá entonces   5
Pálida y sin amor, como una esclava.
Con desmayadas manos el cabello
Peinará a su Señora: en alta torre,
Como pieza de gran repostería,
Le apretará las trenzas; o con viles   10
Rizados cubrirá la noble frente
Por donde el alma su honradez enseña;
O lo atará mejor, mostrando el cuello,
Sin otro adorno, en un discreto nudo.
Mas mientras la infeliz peina a la dama,   15
Su triste corazón, cual ave roja
De alas heridas, estará temblando

155

Lejos ¡ay! en el pecho de su amante,
Como en invierno un pájaro en su nido.
Maldiga Dios a dueños y tiranos   20
Que hacen andar los cuerpos sin ventura
Por do no pueden ir los corazones!—

CUENTAN QUE ANTAÑO

Cuentan que antaño,—y por si no lo cuentan,
Sino en los brazos negros de una fiera
Invéntolo,—un labriego que quería
Mucho a un zorzal, a quien dejaba libre
Surcar el aire y desafiar el viento—   5
De cierto bravo halcón librarlo quiso
Que en cazar por el ala adestró astuto
Un señorín de aquellas cercanías,—
Y púsole al zorzal el buen labriego
Sobre sus alas, otras dos, de modo   10
Que el vuelo alegre al ave no impidiesen.

Salió el sol, y el halcón, rompiendo nubes,
Tras el zorzal, que a la querencia amable
Del labrador inquieto se venía:
Ya le alcanza: ya le hinca: ya estremece   15
En la mano del mozo el hilo duro:
Mas guay del señorín!: el halcón solo
Prendió al zorzal, que diestro se le escurre,
Por las alas postizas del labriego.

Así, quien caza por la rima, aprende   20
Que en sus garras se escapa la poesía!

CANTO RELIGIOSO

La fatiga y las sábanas sacudo:
Cuando no se es feliz, abruma el sueño
Y el sueño, tardo al infeliz, y el miedo
A ver la luz que alumbra su desdicha
Resístense los ojos—y parece   5
No que en plumones mansos se ha dormido
Sino en los brazos negros de una fiera.
Al aire luminoso, como al río
El sediento peatón, dos labios se abren:
El pecho en lo interior se encumbra y goza   10
Como el hogar feliz cuando recibe
En Año Nuevo a la familia amada;—
Y brota, frente al sol, el pensamiento!

Mas súbito, los ojos se oscurecen,
Y el cielo, y a la frente va la mano   15
Cual militar que el pabellón saluda:
Los muertos son, los muertos son, devueltos
A la luz maternal: los muertos pasan.

Y sigo a mi labor, como creyente
A quien unge en la sien el sacerdote   20
De rostro liso y vestiduras blancas—

Practico: en el divino altar comulgo
De la Naturaleza: es mi hostia el alma humana.

NO, MÚSICA TENAZ!

No, música tenaz, me hables del cielo!
Es morir, es temblar, es desgarrarme
Sin compasión el pecho! Si no vivo
Donde como una flor al aire puro
Abre su cáliz verde la palmera,⠀⠀⠀⠀⠀⠀⠀⠀⠀5
Si del día penoso a casa vuelvo...
¿Casa dije? no hay casa en tierra ajena!...
Roto vuelvo en pedazos encendidos!
Me recojo del suelo: alzo y amaso
Los restos de mí mismo; ávido y triste,⠀⠀⠀⠀10
Como un estatuador un Cristo roto:
Trabajo, siempre en pie, por fuera un hombre,
¡Venid a ver, venid a ver por dentro!
Pero tomad a que Virgilio os guíe...
Si no, estaos afuera: el fuego rueda⠀⠀⠀⠀⠀15
Por la cueva humeante: como flores
De un jardín infernal se abren las llagas:
Y boqueantes por la tierra seca
Queman los pies los escaldados leños!
¡Toda fue flor la aterradora tumba!⠀⠀⠀⠀⠀20
No, música tenaz, me hables del cielo!

EN TORNO AL MÁRMOL ROJO

En torno al mármol rojo en donde duerme
El corso vil, el Bonaparte infame,
Como manos que acusan, como lívidas,
Desgreñadas crenchas, las banderas
De tanto pueblo mutilado y roto   5
En pedazos he visto, ensangrentadas!
Bandera fue también el alma mía
Abierta al claro Sol y al aire alegre
En una asta, derecha como un pino.—
La vieron y la odiaron, gerifaltes   10
Pusieron y celosa halconería
A abatirla a las estrellas echaron,
Y a traer el fleco de oro entre sus picos:
Oh! mucho halcón del cielo azul ha vuelto
Con un jirón de mi alma entre sus garras. 15
Y sus! yo a izarla!—y sus! con piedra y palo
Las gentes a arriarla,—y sus! el pino
Como en fuga alargábase hasta el cielo
Y por él mi bandera blanca entraba!
Mas tras ella la gente, pino arriba,
Este el hacha, ese daga, aquel ponzoña,
Negro el aire en redor, negras las nubes,
Allí donde los astros son robustos
Pinos de luz, allí donde en fragantes
Lagos de leche van cisnes azules,   25
Donde el alma entra a flor, donde palpitan,
Susurran, y echan a volar las rosas,
Allí, donde hay amor, allí en las aspas

Mismas de las estrellas me embistieron!—
Por Dios, que aún se ve el asta: mas tan rota 30
Ya la bandera está, que no hay ninguna
Tan rota y sin ventura como ella
En las que adornan la apagada cripta
Donde en su rojo féretro sus puños
Roe despierto el Bonaparte infame!— 35

YO SACARÉ LO QUE EN EL PECHO TENGO

Yo sacaré lo que en el pecho tengo
De cólera y de horror. De cada vivo
Huyo, azorado, como de un leproso.
Ando en el buque de la vida: sufro
De náusea y mal de mar: un ansia odiosa 5
Me angustia las entrañas: quién pudiera
En un solo vaivén dejar la vida!
No esta canción desoladora escribo
En hora de dolor:

¡Jamás se escriba 10
En hora de dolor! el mundo entonces
Como un gigante a hormiga pretenciosa
Unce al poeta destemplado: escribo
Luego de hablar con un amigo viejo,
Limpio goce que el alma fortifica:— 15
Mas, cual las cubas de madera noble,
La madre del dolor guardo en mis huesos!
Ay! mi dolor, como un cadáver, surge

A la orilla, no bien el mar serena!
Ni un poro sin herida: entre la uña 20
Y la yema, estiletes me han clavado
Que me llegan al pie: se me han comido
Fríamente el corazón: y en este juego
Enorme de la vida, cupo en suerte
Nutrirse de mi sangre a una lechuza. 25
Así hueco y roído, al viento floto
Alzando el puño y maldiciendo a voces,
En mis propias entrañas encerrado!

No es que mujer me engañe, o que fortuna
Me esquive su favor, o que el magnate 30
Que no gusta de pulcros, me querelle:
Es ¿quién quiere mi vida? es que a los hombres
Palpo, y conozco, y los encuentro malos.—
Pero si pasa un niño cuando lloro
Le acaricio el cabello, y lo despido 35
Como el naviero que a la mar arroja
Con bandera de gala un barco blanco.

Y si decís de mí blasfemia, os digo
Que el blasfemo sois vos: ¿a qué me dieron
Para vivir en un tigral, sedosa 40
Ala, y no garra aguda? o por acaso
Es ley que el tigre de alas se alimente?
Bien puede ser: de alas de luz repleto,
Darase al fin de un tigre luminoso,
Radiante como el Sol, la maravilla!— 45
Apresure el tigral al diente duro!

Nútrase en mí: coma de mí: en mis hombros
Clave los grifos bien: móndeme el cráneo,
Y, con dolor, a su mordida en tierra
Caigan deshechas mis ardientes alas!   50
Feliz aquel que en bien del hombre muere!
Bésale el perro al matador la mano!

   ¡Como un padre a sus hijas, cuando pasa
Un galán pudridor, yo mis ideas
De donde pasa el hombre, por quien muero,   55
Guardo, como un delito, al pecho helado!

   Conozco el hombre, y lo he encontrado malo.
¡Así, para nutrir el fuego eterno
Perecen en la hoguera los mejores!
Los menos por los más! los crucifixos   60
Por los crucificantes: en maderos
Clavaron a Jesús: sobre sí mismos
Los hombres de estos tiempos van clavados.
Los sabios de Chichén, la tierra clara
Donde el aroma y el maguey se crían   65
Con altos ritos y canciones bellas
Al hondo de cisternas olorosas
A sus vírgenes lindas despeñaban:
Del temido brocal se alzaba luego
A perfumar el Yucatán florido   70
Como en tallo negruzco rosa suave
Un humo de magníficos olores:—
Tal a la vida echa el Creador los buenos:
A perfumar: a equilibrar: ea! clave

El tigre bien sus garras en mis hombros: 75
Los viles a nutrirse: los honrados
A que se nutran los demás en ellos.

Para el misterio de la Cruz, no a un viejo
Pergamino teológico se baje:
Bájese al corazón de un virtuoso.   80
Padece mucho un cirio que ilumina:
Sonríe, como virgen que se muere,
La flor cuando la siegan de su tallo!
Duele mucho en la tierra un alma buena!
De día, luce brava: por la noche   85
Se echa a llorar sobre sus propios brazos:
Luego que ve en el aire de la aurora
Su horrenda lividez, por no dar miedo
A la gente, con sangre de sus mismas
Heridas, tiñe el miserable rostro,   90
Y emprende a andar, como una calavera
Cubierta, por piedad, de hojas de rosa!

MI POESÍA

Muy fiera y caprichosa es la Poesía,
A decírselo vengo al pueblo honrado:
La denuncio por fiera. Yo la sirvo
Con toda honestidad: no la maltrato;
No la llamo a deshora cuando duerme,   5
Quieta, soñando, de mi amor cansada,
Pidiendo para mí fuerzas al cielo;

No la pinto de gualda y amaranto
Como aquesos poetas; no le estrujo
En un talle de hierro el franco seno;   10
Ni el cabello a la brisa desparcido,
Con retóricos abalorios le cojo:
No: no la pongo en lindas vasijas
Que moriría; sino la vierto al mundo,
A que cree y fecunde, y ruede y crezca   15
Libre cual las semillas por el viento.
Eso sí: cuido mucho de que sea
Claro el aire en su torno; musicales,
—Puro su lecho y limpio surtido—
Los rasos que la amparan en el sueño,   20
Y limpios y aromados sus vestidos.—
Cuando va a la ciudad, mi Poesía
Me vuelve herida toda, el ojo seco
Y como de enajenado, las mejillas
Como hundidas, de asombro: los dos labios   25
Gruesos, blandos, manchados; una que otra
Luta de cieno—en ambas manos puras
Y el corazón, por bajo el pecho roto
Como un cesto de ortigas encendido:
Así de la ciudad me vuelve siempre: 30
Mas con el aire de los campos cura
Bajo del cielo en la serena noche
Un bálsamo que cierra las heridas.
¡Arriba oh corazón!: quién dijo muerte?

Yo protesto que mimo a mi Poesía: 35
Jamás en sus vagares la interrumpo,

Ni de su ausencia larga me impaciento.
Viene a veces terrible! Ase mi mano,
Encendido carbón me pone en ella
Y cual por sobre montes me la empuja!   40
Otras, muy pocas! viene amable y buena,
Y me amansa el cabello; y me conversa
Del dulce amor, y me convida a un baño!
Tenemos ella y yo, cierto recodo
Púdico en lo más hondo de mi pecho: 45
Envuelto en olorosa enredadera!—
Digo que no la fuerzo, y jamás la adorno,
Y sé adornar; jamás la solicito,
Aunque en tremendas sombras suelo a veces
Esperarla, llorando, de rodillas.   50
Ella ¡oh coqueta grande! en mi nube
Airada entra, la faz sobre ambas manos,
Mirando cómo crecen las estrellas.
Luego, con paso de ala, envuelta en polvo
De oro, baja hasta mí, resplandeciente.   55
Viome un día infausto, rebuscando necio—
Perlas, zafiros, ónices, cruces
Para ornarle la túnica a su vuelta.
Ya de un lado, piedras tenía.
Cruces y esmeraldas en hilera,   60
Octavas de claveles, cuartetines
De flores campesinas; tríos, dúos
De ardiente licor y pálida azucena.
¡Qué guirnaldas de décimas! qué flecos
De sonoras quintillas! qué ribetes   65
De pálido romance! qué lujosos

Broches de rima rara! qué repuesto
De mil consonantes serviciales
Para ocultar con juicio las junturas:
Obra, en fin, de suprema joyería!—   70
Mas de pronto una lumbre silenciosa
Brilla; las piedras todas palidecen,
Como muertas, las flores caen en tierra
Lívidas, sin colores: es que bajaba
De ver nacer los astros mi Poesía!—   75
Como una cesta de caretas rotas
Eché a un lado mis versos. Digo al pueblo
Que me tiene oprimido mi Poesía:
Yo en todo la obedezco: apenas siento
Por cierta voz del aire que conozco   80
Su próxima llegada, pongo en fiesta
Cráneo y pecho; levántanse en la mente,
Alados, los corceles; por las venas
La sangre ardiente al paso se dispone;
El aire limpio, alejo los invitados,   85
Muevo el olvido generoso, y barro
De mí las impurezas de la tierra!

¡No es más pura que mi alma la paloma
Virgen que llama a su primer amigo!
Baja; vierte en mi mano unas extrañas   90
Flores que el cielo da, flores que queman—
Como de un mar que sube, sufre el pecho,
Y a la divina voz, la idea dormida,
Royendo con dolor la carne tersa
Busca, como la lava, su camino   95

De hondas grietas el agujero luego queda,
Como la falda de un volcán cruzado;
Precio fatal de los amores con el cielo:
Yo en todo la obedezco: yo no esquivo
Estos padecimientos, yo le cubro   100
De unos besos que lloran, sus dos blancas
Manos que así me acabarán la vida.
Yo ¡qué más! cual de un crimen ignorado
Sufro, cuando no viene: yo no tengo
Otro amor en el mundo ¡oh mi Poesía!   105
Como sobre la pampa el viento negro
Cae sobre mí tu enojo! ¡oh vuelve, vuelve,
A mí, que te respeto, el [palabra ilegible] amigo!
De su altivez me quejo al pueblo honrado:
De su soberbia femenil. No sufre.   110
Espera. No perdona. Brilla, y quiere
Que con el limpio fuego del acero
Ya el verso al mundo cabalgando salga;—
Tal, una loca de pudor, apenas
Un minuto al artista el cuerpo ofrece   115
Para que esculpa en mármol su hermosura!—
¡Vuelan las flores que del cielo bajan,
Vuelan, como irritadas mariposas,
Para jamás volver, las crueles vuelan!...

BOSQUE DE ROSAS
(ALLÍ DESPACIO)

Allí despacio te diré mis cuitas,
¡Allí en tu boca escribiré mis versos!
¡Ven, que la soledad será tu escudo!
Ven, blanca oveja,
Pero, si acaso lloras, en tus manos   5
Esconderé mi rostro, y con mis lágrimas
Borraré los extraños versos míos,
¿Sufrir tú, a quien yo amo, y ser yo el casco
Brutal, y tú, mi amada, el lirio roto?
No, mi tímida oveja, yo odio el lobo,   10
Ven, que la soledad será tu escudo.

¡Oh! la sangre del alma, ¿tú la has visto?
Tiene manos y voz, y al que la vierte
Eternamente entre las sombras acusa.
¡Hay crímenes ocultos, y hay cadáveres   15
De almas, y hay villanos matadores!
Al bosque ven: del roble más erguido
Un pilón labremos, y ¡en el pilón
Cuantos engañen a mujer pongamos!

Esa es la lidia humana: ¡la tremenda   20
Batalla de los cascos y los lirios!
¿Pues los hombres soberbios, no son fieras?
¡Bestias y fieras! Mira, aquí te traigo
Mi bestia muerta y mi furor domado.
Ven, a callar, a murmurar, al ruido   25

De las hojas de Abril y los nidales.
Deja, oh mi amada, las paredes mudas
De esta casa ahoyada y ven conmigo
No al mar que bate y ruge sino al bosque
De rosas que hay al fondo de la selva.   30
Allí es buena la vida, porque es libre,
Y tu virtud, por libre, será cierta,
Por libre, mi respeto meritorio.
Ni el amor, si no es libre, da ventura.

¡Oh, gentes ruines, los que en calma gozan   35
De robados amores! Si es ajeno
El cariño, el placer de respetarlo
Mayor mil veces es que el de su goce;
Del buen obrar que orgullo al pecho queda
Y como en dulces lágrimas rebosa,   40
Y en extrañas palabras, que parecen
¡Aleteos, no voces! Y ¡qué culpa
La de fingir amor! ¡Pues hay tormento
Como aquel, sin amar, de hablar de amores!

¡Ven, que allí triste iré, pues yo me veo!   45
¡Ven, que la soledad será tu escudo!

HOMAGNO AUDAZ

Homagno audaz, de tanto haber vivido
Con el alma, que quema, se moría—

Por las cóncavas sienes las canosas
Lasas guedejas le colgaban: hinca
Las silenciosas manos en los secos   5
Muslos: los labios, como ofensa augusta
Al negro pueblo universal, horrible
Pueblo infeliz y hediondo de los Midas,—
Junta como quien niega: y en los claros
Ojos de ansia y amor por la vislumbre   10
De la muerte feliz,—que arriba brilla
Como en selva nocturna hoguera blanca,
La mirada caudal de un Dios que muere
Remordido de hormigas. Suplicante
A sus llagados pies Jóveno hermoso   15
Tiéndese y llora; y en los negros ojos
Desolación patética le brilla:
No, no Homagno, ¡negras ropas visten
Las mujeres de estos tiempos!—en que—
Como hojas verdes en invierno, lucen: 20
Oh las mujeres, oh las necias, trajes
De vivísimos colores:—jubón rondo,
Con trajes anchos de perlada seda:—
En [tres palabras ininteligibles] el galano
Talle le ciñen:—oh, dime, dime Homagno,   25
De este palacio de que sales; dime
Qué secreto conjuro la uva rompe
De las sabrosas mieles: di qué llave
Abre las puertas del placer profundo
Que fortalece y embalsama: dilo,   30
Oh noble Homagno, a Jóveno extranjero:—

La sublime piedad abrió los labios
Del moribundo noble musitando:
¿La llave quieres, Jóveno, del mundo?
La llave de la fuerza, la del goce   35
Sereno y penetrante, la del hondo
Valor que a mundos y villas,
Cual gigante amazona desafía;
La del escudo impenetrable, escudo
¡Contra la tentadora humana Infamia!   40
Yo ni de dioses ni de filtro tengo
Fuerzas maravillosas: he vivido,
¡Y la divinidad está en la vida!:
¡Mira si no la frente de los viejos!

Estréchame la mano: no, no esperes   45
A que yo te la tienda: ¡yo sabía
Antes tenderla, de mi hermoso modo
Que envolvía en sombra de amor el Universo!
Hoy, ya no puedo alzarla de la piedra,
Donde me asiento: aunque el corazón en   50
Plumas nuevas se viste y tiende el ala.
¡No acaba el alma humana en este mundo!
Ya cual bucles de piedra, en mi mondado
Cráneo cuelgan mis últimos cabellos;
¡Pero debajo no! ¡debajo vibra   55
Todo el fuego magnífico y sonoro
Que mantiene la tierra!
                              ¡Ven y toma
Esta mano que ha visto mucha pena!
Dicen que así verás lo que yo he visto:

¡Aprieta bien, aprieta bien mi mano!—   60
¡Es bueno ir de la mano de los jóvenes!
¡Ahí, de sombra a luz, crece la vida!
¡Déjame divagar: la mente vaga
Como las nubes, madres de la tierra!

Mozo, ven, pues: ase mi mano y mira: 65
Aquí están, a tus ojos, en hilera,
Frías y dormidas como estatuas, todas
Las que de amor el pecho te han movido:
¡Las llaves falsas, Jóveno, del cielo!
Una no más sencillamente lo abre   70
Como nuestro dominio: pero nota
Cómo estas barbas a la tierra llegan
Blancas y ensangrentadas, y aún no topo
Con la que me pudiera abrir el cielo.
En cambio, mira a mi redor la tierra   75
Está amasada con las llaves rotas
Con que he probado a abrirlo:—¡y que este es todo
El mundo dicen los bellacos luego!
¡Viene después un cierto olor de rosa,
Un trono en una nube, un vuelo vago,   80
Y un aire y una sangre hecha a besos!
¡Pompa de claridad la muerte miro!
¡Palpa cual, de pensarla, están calientes,
Finos, como si fuesen a una boda,
Ágiles como alas, y sedosos   85
Como la mocedad después del baño,
Estos bucles de piedra! Gruñes, gruñes
De estas cosas de viejo...

Ahí están todas
Las mujeres que amaste; llaves falsas
Con que en vano echa el hombre a abrir el cielo.   90
Por la magia sutil de mi experiencia
Las miro como son: cáscaras todas.

Esta de nácar, cual la Aurora brinda,
Humo como la Aurora: esta de bronce;
Marfil esta; esa ébano; y aquella,   95
¡De esos diestros barrillos italianos
De diversos colores...! ¡cuenta! Es fijo...
¿Cuántos años cumpliste? ¿Treinta? Es fijo
Que has amado, y es poco, a más de ciento:
¡Se hacen muy fácilmente y duran poco,   100
Las estatuas de cieno! Gruñes, gruñes
De estas cosas de viejo...
                          ...¡A ver qué tienen
Las cáscaras por dentro! ¡Abajo, abajo
Esa hermosa de nácar! ¡qué riqueza
Viene al suelo de espalda y hombros finos!   105
¡Parece una onda de ópalo cuajada!
¡Sube un aroma que perfuma el viento,
Que me enciende la carne, que me anubla
El juicio, a tanta costa trabajado!
Pero vuélvela a diestra y siniestra,   110
A la luna y el sol: ¡no hay nada adentro!

¿Y en la de bronce? ¿qué hallas? ¡con qué modo
Loco y ardiente buscas! aún humea
Esa de bronce en restos: ¿qué has hallado

173

Que con espanto tal la echas en tierra?   115
¡Ah, lo que corre el duende negro: un cerdo!
Y ¿esa? ¡una uña! Y ¿esa? ¡ay! una piedra
Más dura que mis bucles: ¡la más terrible
Es esa de la piedra! Y ¿esta moza
Toda de colorines? ¡saca! ¡saca!   120
¡Esta por corazón tiene un vasillo
Hueco, forrado en láminas de modas!
¿Esa? ¡nada! ¿Esa? ¡nada! ¿Esa? Una doble
Dentadura, y manchado cada diente
De una sangre distinta: ¡mata, mata!   125
¡Mata con el talón a esa culebra!
Y ¿esa? ¡Una hamaca! Y ¿esa, pues, la última,
La postrer de las cien, qué le has hallado
Que le besas los pies, que la rehaces
De prisa con tus manos, que la cubres   130
Con sus mismos cabellos, que la amparas
Con tu cuerpo, que te echas de rodillas?
¿Qué tienes? ¿qué levantas en las manos
Lentamente como una ofrenda al cielo?
¿Entrañas de mujer? No en vano el cielo   135
Con una luz tan suave se ilumina.
¡Eso es arpa: eso es sol...!
¿De cien mujeres, una con entrañas?
¡Abrázala! ¡arrebátala! con ella
Vive, que serás rey, doquier que vivas: 140
Cruza los bosques, que los lobos mismos
Su presa te darán, y acatamiento:
Cruza los mares, y las olas lomo
Blando te prestarán; los hombres cruza

Que no te morderán, aunque te juro   145
Que lo que ven lo muerden, y si es bello
Lo muerden más; y dondequier que muerden
Lo despedazan todo y envenenan.
¡Ya no eres hombre, Jóveno, si hallaste
Una mujer amante!: o no—¡ya lo eres!

VERSOS SENCILLOS

Mis amigos saben cómo se me salieron estos
versos del corazón. Fue aquel invierno de angustia, en que por ignorancia, o por fe fanática,
o por miedo, o por cortesía, se reunieron en
Washington[1], bajo el águila temible, los pue-   5
blos hispanoamericanos. ¿Cuál de nosotros ha
olvidado aquel escudo, el escudo en que el
águila de Monterrey y de Chapultepec, el águila de López[2] y de Walker[3], apretaba en sus ga-

---

[1] Recuérdese lo que dijimos en la introducción: Martí compo-
ne la obra mientras se desarrolla la Conferencia Monetaria Internacional, en la que los Estados Unidos muestran sus intenciones
hegemónicas sobre el resto del continente.

[2] Narciso López (1798-1851), militar y político venezolano.
Llegado a Cuba, se unió a los independentistas. Fue condenado a
muerte y ejecutado.

[3] William Walker (1824-1860), aventurero norteamericano
que, apoyado por esclavistas del sur, llegó a ocupar el estado
mexicano de Sonora, aunque la insurrección popular le obligó a
abandonar el territorio. Después realizó diversas incursiones en
Centroamérica. Entre 1855 y 1857 ejerció el poder en Nicara-

rras los pabellones todos de la América? Y la   10
agonía en que viví, hasta que pude confirmar la
cautela y el brío de nuestros pueblos; y el horror y vergüenza en que me tuvo el temor legíti-
mo de que pudiéramos los cubanos, con manos
parricidas, ayudar el plan insensato de apartar a   15
Cuba, para bien único de un nuevo amo disi-
mulado, de la patria que la reclama y en ella se
completa, de la patria hispanoamericana, —me
quitaron las fuerzas mermadas por dolores in-
justos. Me echó el médico al monte: corrían   20
arroyos, y se cerraban las nubes: escribí versos.
A veces ruge el mar, y revienta la ola, en la noche negra, contra las rocas del castillo ensan-
grentado: a veces susurra la abeja, merodeando
entre las flores.   25

¿Por qué se publica esta sencillez, escrita como jugando, y no mis encrespados *Versos libres,* mis endecasílabos hirsutos, nacidos de
grandes miedos, o de grandes esperanzas, o de
indómito amor de libertad, o de amor doloroso   30
a la hermosura, como riachuelo de oro natural,
que va entre arena y aguas turbias y raíces,
o como hierro caldeado, que silba y chispea, o
como surtidores candentes? ¿Y mis *Versos cu-*

gua, con el reconocimiento de los Estados Unidos y con la intención de restablecer la esclavitud. Fue condenado a muerte y ejecutado por el Gobierno de Honduras, país al que también preten-
dió someter.

banos[4], tan llenos de enojo que están mejor   35
donde no se les ve? ¿Y tanto pecado mío es-
condido, y tanta prueba ingenua y rebelde de literatura? ¿Ni a qué exhibir ahora, con ocasión
de estas flores silvestres, un curso de mi poética, y decir por qué repito un consonante de pro-   40
pósito, o los gradúo y agrupo de modo que va-
yan por la vista y el oído al sentimiento, o salto
por ellos, cuando no pide rimas ni soporta repu-
jos la idea tumultuosa? Se imprimen estos versos porque el afecto con que los acogieron, en   45
una noche de poesía y amistad, algunas almas
buenas, los ha hecho ya públicos. Y porque
amo la sencillez, y creo en la necesidad de po-
ner el sentimiento en formas llanas y sinceras.

JOSÉ MARTÍ

Nueva York: 1891

---

[4] *Versos cubanos*: Recuérdese que Martí ya había escrito los
Versos libres, pero no los había publicado. Los *Versos cubanos*
se han identificado con los *Veros libres*, y también con *Flores
del destierro*.

I

Yo soy un hombre sincero
De donde crece la palma,
Y antes de morirme quiero
Echar mis versos del alma.

Yo vengo de todas partes,   5
Y hacia todas partes voy:
Arte soy entre las artes,
En los montes, monte soy.

Yo sé los nombres extraños
De las yerbas y las flores,   10
Y de mortales engaños,
Y de sublimes dolores.

Yo he visto en la noche oscura
Llover sobre mi cabeza
Los rayos de lumbre pura   15
De la divina belleza.

Alas nacer vi en los hombros
De las mujeres hermosas:
Y salir de los escombros
Volando las mariposas.   20

He visto vivir a un hombre
Con el puñal al costado,
Sin decir jamás el nombre
De aquella que lo ha matado.

Rápida, como un reflejo,   25
Dos veces vi el alma, dos:
Cuando murió el pobre viejo,
Cuando ella me dijo adiós.

Temblé una vez,—en la reja,
A la entrada de la viña,—   30
Cuando la bárbara abeja
Picó en la frente a mi niña.

Gocé una vez, de tal suerte
Que gocé cual nunca:—cuando
La sentencia de mi muerte   35
Leyó el alcaide llorando.

Oigo un suspiro, a través
De las tierras y la mar,
Y no es un suspiro,—es
Que mi hijo va a despertar.   40

Si dicen que del joyero
Tome la joya mejor,
Tomo a un amigo sincero
Y pongo a un lado el amor.

Yo he visto al águila herida   45
Volar al azul sereno,
Y morir en su guarida
La víbora del veneno.

Yo sé bien que cuando el mundo
Cede, lívido, al descanso,   50
Sobre el silencio profundo
Murmura el arroyo manso.

Yo he puesto la mano osada,
De horror y júbilo yerta,
Sobre la estrella apagada   55
Que cayó frente a mi puerta.

Oculto en mi pecho bravo
La pena que me lo hiere:
El hijo de un pueblo esclavo
Vive por él, calla, y muere.   60

Todo es hermoso y constante,
Todo es música y razón,
Y todo, como el diamante,
Antes que luz es carbón.

Yo sé que el necio se entierra 65
Con gran lujo y con gran llanto,—
Y que no hay fruta en la tierra
Como la del camposanto.

Callo, y entiendo, y me quito
La pompa del rimador: 70
Cuelgo de un árbol marchito
Mi muceta de doctor.

II

Yo sé de Egipto y Nigricia[5],
Y de Persia y Xenophonte;
Y prefiero la caricia
Del aire fresco del monte.

Yo sé de las historias viejas 5
Del hombre y de sus rencillas;
Y prefiero las abejas
Volando en las campanillas.

Yo sé del canto del viento
En las ramas vocingleras: 10
Nadie me diga que miento,
Que lo prefiero de veras.

---

[5] Nigricia: Sudán.

Yo sé de un gamo aterrado
Que vuelve al redil, y expira,—
Y de un corazón cansado   15
Que muere oscuro y sin ira.

III

Odio la máscara y vicio
Del corredor de mi hotel:
Me vuelvo al manso bullicio
De mi monte de laurel.

Con los pobres de la tierra   5
Quiero yo mi suerte echar:
El arroyo de la sierra
Me complace más que el mar.

Denle al vano el oro tierno
Que arde y brilla en el crisol: 10
A mí denme el bosque eterno
Cuando rompe en él el sol.

Yo he visto el oro hecho tierra
Barbullendo en la redoma:
Prefiero estar en la sierra   15
Cuando vuela una paloma.

Busca el obispo de España
Pilares para su altar;

¡En mi templo, en la montaña,
El álamo es el pilar!   20

Y la alfombra es puro helecho,
Y los muros abedul,
Y la luz viene del techo,
Del techo de cielo azul.

El obispo, por la noche,   25
Sale, despacio, a cantar:
Monta, callado, en su coche,
Que es la piña de un pinar.

Las jacas de su carroza
Son dos pájaros azules: 30
Y canta el aire y retoza,
Y cantan los abedules.

Duermo en mi cama de roca
Mi sueño dulce y profundo:
Roza una abeja mi boca   35
Y crece en mi cuerpo el mundo.

Brillan las grandes molduras
Al fuego de la mañana,
Que tiñe las colgaduras
De rosa, violeta y grana.   40

El clarín, solo en el monte,
Canta al primer arrebol:

La gasa del horizonte
Prende, de un aliento, el sol.

¡Díganle al obispo ciego,   45
Al viejo obispo de España
Que venga, que venga luego,
A mi templo, a la montaña!

IV

Yo visitaré anhelante
Los rincones donde a solas
Estuvimos yo y mi amante
Retozando con las olas.

Solos los dos estuvimos,   5
Solos, con la compañía
De dos pájaros que vimos
Meterse en la gruta umbría.

Y ella, clavando los ojos,
En la pareja ligera,   10
Deshizo los lirios rojos
Que le dio la jardinera.

La madreselva olorosa
Cogió con sus manos ella,
Y una madama graciosa,   15
Y un jazmín como una estrella.

189

Yo quise, diestro y galán,
Abrirle su quitasol;
Y ella me dijo: «¡Qué afán!
¡Si hoy me gusta ver el sol!»   20

«Nunca más altos he visto
Estos nobles robledales:
Aquí debe estar el Cristo,
Porque están las catedrales.»

«Ya sé dónde ha de venir   25
Mi niña a la comunión;
De blanco la he de vestir
Con un gran sombrero alón.»

Después, del calor al peso,
Entramos por el camino,   30
Y nos dábamos un beso
En cuanto sonaba un trino.

¡Volveré, cual quien no existe,
Al lago mudo y helado:
Clavaré la quilla triste: 35
Posaré el remo callado!

V

Si ves un monte de espumas,
Es mi verso lo que ves:

Mi verso es un monte, y es
Un abanico de plumas.

Mi verso es como un puñal   5
Que por el puño echa flor:
Mi verso es un surtidor
Que da un agua de coral.

Mi verso es de un verde claro
Y de un carmín encendido: 10
Mi verso es un ciervo herido
Que busca en el monte amparo.

Mi verso al valiente agrada:
Mi verso, breve y sincero,
Es del vigor del acero   15
Con que se funde la espada.

VI

Si quieren que de este mundo
Lleve una memoria grata,
Llevaré, padre profundo,
Tu cabellera de plata.

Si quieren, por gran favor,   5
Que lleve más, llevaré
La copia que hizo el pintor
De la hermana que adoré.

Si quieren que a la otra vida
Me lleve todo un tesoro,   10
¡Llevo la trenza escondida
Que guardo en mi caja de oro!

VII

Para Aragón, en España,
Tengo yo en mi corazón
Un lugar todo Aragón,
Franco, fiero, fiel, sin saña.

Si quiere un tonto saber   5
Por qué lo tengo, le digo
Que allí tuve un buen amigo,
Que allí quise a una mujer.

Allá, en la vega florida,
La de la heroica defensa,   10
Por mantener lo que piensa
Juega la gente la vida.

Y si un alcalde lo aprieta
O lo enoja un rey cazurro,
Calza la manta el baturro   15
Y muere con su escopeta.

Quiero a la tierra amarilla
Que baña el Ebro lodoso:

Quiero el Pilar azuloso
De Lanuza[6] y de Padilla[7].   20

Estimo a quien de un revés
Echa por tierra a un tirano:
Lo estimo, si es un cubano;
Lo estimo, si aragonés.

Amo los patios sombríos   25
Con escaleras bordadas;
Amo las naves calladas
Y los conventos vacíos.

Amo la tierra florida,
Musulmana o española,   30
Donde rompió su corola
La poca flor de mi vida.

VIII

Yo tengo un amigo muerto
Que suele venirme a ver:

---

[6] Juan de Lanuza (1564-1591), justicia mayor de Aragón, esgrimió la defensa de los fueros para oponerse a la entrada de las tropas de Felipe II que pretendían apresar a Antonio Pérez. Capturado por las tropas reales, murió decapitado.

[7] Suponemos que se refiere al comunero castellano Juan de Padilla (1484-1521), ejecutado tras caer prisionero en la batalla de Villalar, que concluyó con la victoria de las tropas del rey Carlos I y la derrota definitiva de los nobles alzados en armas.

Mi amigo se sienta, y canta;
Canta en voz que ha de doler.

«En un ave de dos alas
»Bogo por el cielo azul: 5
»Un ala del ave es negra
»Otra de oro Caribú [8].

»El corazón es un loco
»Que no sabe de un color: 10
»O es su amor de dos colores,
»O dice que no es amor.

»Hay una loca más fiera
»Que el corazón infeliz:
»La que le chupó la sangre   15
»Y se echó luego a reír.

»Corazón que lleva rota
»El ancla fiel del hogar,
»Va como barca perdida,
»Que no sabe adónde va.»   20

En cuanto llega a esta angustia
Rompe el muerto a maldecir:
Le amanso el cráneo: lo acuesto:
Acuesto el muerto a dormir.

---

[8] Caribú: quizá se refiere a Cariboo, distrito canadiense que
destaca por sus minas de carbón, oro y cobre.

IX

Quiero, a la sombra de un ala,
Contar este cuento en flor:
La niña de Guatemala,
La que se murió de amor.

Eran de lirios los ramos,   5
Y las orlas de reseda
Y de jazmín: la enterramos
En una caja de seda.

... Ella dio al desmemoriado
Una almohadilla de olor: 10
Él volvió, volvió casado:
Ella se murió de amor.

Iban cargándola en andas
Obispos y embajadores:
Detrás iba el pueblo en tandas,   15
Todo cargado de flores.

... Ella, por volverlo a ver,
Salió a verlo al mirador:
Él volvió con su mujer:
Ella se murió de amor.   20

Como de bronce candente
Al beso de despedida
Era su frente ¡la frente
Que más he amado en mi vida!

195

... Se entró de tarde en el río,   25
La sacó muerta el doctor:
Dicen que murió de frío:
Yo sé que murió de amor.

Allí, en la bóveda helada,
La pusieron en dos bancos: 30
Besé su mano afilada,
Besé sus zapatos blancos.

Callado, al oscurecer,
Me llamó el enterrador:
¡Nunca más he vuelto a ver   35
A la que murió de amor!

X

El alma trémula y sola
Padece al anochecer:
Hay baile, vamos a ver
La bailarina española.

Han hecho bien en quitar   5
El banderón de la acera;
Porque si está la bandera,
No sé, yo no puedo entrar.

Ya llega la bailarina:
Soberbia y pálida llega: 10

¿Cómo dicen que es gallega?
Pues dicen mal: es divina.

Lleva un sombrero torero
Y una capa carmesí:
¡Lo mismo que un alelí   15
Que se pusiese un sombrero!

Se ve, de paso, la ceja,
Ceja de mora traidora:
Y la mirada, de mora:
Y como nieve la oreja.   20

Preludian, bajan la luz,
Y sale en bata y mantón,
La virgen de la Asunción
Bailando un baile andaluz.

Alza, retando, la frente;   25
Crúzase al hombro la manta:
En arco el brazo levanta:
Mueve despacio el pie ardiente.

Repica con los tacones
El tablado zalamera   30
Como si la tabla fuera
Tablado de corazones.

Y va el convite creciendo
En las llamas de los ojos,

Y el manto de flecos rojos   35
Se va en el aire meciendo.

Súbito, de un salto arranca:
Húrtase, se quiebra, gira:
Abre en dos la cachemira,
Ofrece la bata blanca.   40

El cuerpo cede y ondea;
La boca abierta provoca;
Es una rosa la boca:
Lentamente taconea.

Recoge, de un débil giro,   45
El manto de flecos rojos:
Se va, cerrando los ojos,
Se va, como en un suspiro...

Baila muy bien la española;
Es blanco y rojo el mantón: 50
¡Vuelve, fosca, a su rincón
El alma trémula y sola!

XI

Yo tengo un paje muy fiel
Que me cuida y que me gruñe,
Y al salir, me limpia y bruñe
Mi corona de laurel.

    Yo tengo un paje ejemplar   5
Que no come, que no duerme,
Y que se acurruca a verme
Trabajar, y sollozar.

 Salgo, y el vil se desliza
Y en mi bolsillo aparece;   10
Vuelvo, y el terco me ofrece
Una taza de ceniza.

 Si duermo, al rayar el día
Se sienta junto a mi cama:
Si escribo, sangre derrama   15
Mi paje en la escribanía.

 Mi paje, hombre de respeto,
Al andar castañetea:
Hiela mi paje, y chispea:
Mi paje es un esqueleto.   20

XII

En el bote iba remando
Por el lago seductor,
Con el sol que era oro puro
Y en el alma más de un sol.

Y a mis pies vi de repente,   5
Ofendido del hedor,

Un pez muerto, un pez hediondo
En el bote remador.

XIII

Por donde abunda la malva
Y da el camino un rodeo,
Iba un ángel de paseo
Con una cabeza calva.

Del castañar por la zona   5
La pareja se perdía:
La calva resplandecía
Lo mismo que una corona.

Sonaba el hacha en lo espeso
Y cruzó un ave volando: 10
Pero no se sabe cuándo
Se dieron el primer beso.

Era rubio el ángel; era
El de la calva radiosa,
Como el tronco a que amorosa   15
Se prende la enredadera.

XIV

Yo no puedo olvidar nunca
La mañanita de otoño

En que le salió un retoño
A la pobre rama trunca.

La mañanita en que, en vano,   5
Junto a la estufa apagada,
Una niña enamorada
Le tendió al viejo la mano.

XV

Vino el médico amarillo
A darme su medicina,
Con una mano cetrina
Y la otra mano al bolsillo:
¡Yo tengo allá en un rincón   5
Un médico que no manca
Con una mano muy blanca
Y otra mano al corazón!

Viene, de blusa y casquete,
El grave del repostero,   10
A preguntarme si quiero
O Málaga o Pajarete[9].
¡Díganle a la repostera
Que ha tanto tiempo no he visto,
Que me tenga un beso listo   15
Al entrar la primavera!

---

[9] Málaga y Pajarete son dos tipos de vinos producidos en Andalucía.

XVI

En el alféizar calado
De la ventana moruna,
Pálido como la luna,
Medita un enamorado.

Pálida, en su canapé   5
De seda tórtola y roja,
Eva, callada, deshoja
Una violeta en el té.

XVII

Es rubia: el cabello suelto
Da más luz al ojo moro:
Voy, desde entonces, envuelto
En un torbellino de oro.

La abeja estival que zumba   5
Más ágil por la flor nueva,
No dice, como antes, «tumba»:
«Eva» dice: todo es «Eva».

Bajo, en lo oscuro, al temido
Raudal de la catarata: 10
¡Y brilla el iris, tendido
Sobre las hojas de plata!

Miro, ceñudo, la agreste
Pompa del monte irritado:
¡Y en el alma azul celeste   15
Brota un jacinto rosado!

Voy, por el bosque, a paseo
A la laguna vecina:
Y entre las ramas la veo,
Y por el agua camina.   20

La serpiente del jardín
Silba, escupe, y se resbala
Por su agujero: el clarín
Me tiende, trinando, el ala.

¡Arpa soy, salterio soy   25
Donde vibra el Universo:
Vengo del sol, y al sol voy:
Soy el amor: soy el verso!

XVIII

El alfiler de Eva loca
Es hecho del oro oscuro
Que le sacó un hombre puro
Del corazón de una roca.

Un pájaro tentador   5
Le trajo en el pico ayer

Un relumbrante alfiler
De pasta y de similor.

Eva se prendió al oscuro
Talle el diamante embustero: 10
Y echó en el alfiletero
El alfiler de oro puro.

XIX

Por tus ojos encendidos
Y lo mal puesto de un broche,
Pensé que estuviste anoche
Jugando a juegos prohibidos.

Te odié por vil y alevosa: 5
Te odié con odio de muerte:
Náusea me daba de verte
Tan villana y tan hermosa.

Y por la esquela que vi
Sin saber cómo ni cuándo,   10
Sé que estuviste llorando
Toda la noche por mí.

XX

Mi amor del aire se azora;
Eva es rubia, falsa es Eva:

Viene una nube, y se lleva
Mi amor que gime y que llora.

Se lleva mi amor que llora   5
Esa nube que se va:
Eva me ha sido traidora:
¡Eva me consolará!

XXI

Ayer la vi en el salón
De los pintores, y ayer
Detrás de aquella mujer
Se me saltó el corazón.

Sentada en el suelo rudo   5
Está en el lienzo: dormido
Al pie, el esposo rendido:
Al seno el niño desnudo.

Sobre unas briznas de paja
Se ven mendrugos mondados: 10
Le cuelga el manto a los lados
Lo mismo que una mortaja.

No nace en el torvo suelo
Ni una viola, ni una espiga:
¡Muy lejos, la casa amiga,   15
Muy triste y oscuro el cielo!...

¡Esa es la hermosa mujer
Que me robó el corazón
En el soberbio salón
De los pintores de ayer!

XXII

Estoy en el baile extraño
De polaina y casaquín
Que dan, del año hacia el fin,
Los cazadores del año.

Una duquesa violeta   5
Va con un frac colorado:
Marca un vizconde pintado
El tiempo en la pandereta.

Y pasan las chupas rojas,
Pasan los tules de fuego,   10
Como delante de un ciego
Pasan volando las hojas.

XXIII

Yo quiero salir del mundo
Por la puerta natural:
En un carro de hojas verdes
A morir me han de llevar.

No me pongan en lo oscuro   5
A morir como un traidor:
¡Yo soy bueno, y como bueno
Moriré de cara al sol!

XXIV

Sé de un pintor atrevido
Que sale a pintar contento
Sobre la tela del viento
Y la espuma del olvido.

Yo sé de un pintor gigante,   5
El de divinos colores,
Puesto a pintarle las flores
A una corbeta mercante.

Yo sé de un pobre pintor
Que mira el agua al pintar,—   10
El agua ronca del mar,—
Con un entrañable amor.

XXV

Yo pienso, cuando me alegro
Como un escolar sencillo,
En el canario amarillo,—
¡Que tiene el ojo tan negro!

Yo quiero, cuando me muera,   5
Sin patria, pero sin amo,
Tener en mi losa un ramo
De flores,—y una bandera!

XXVI

Yo que vivo, aunque me he muerto,
Soy un gran descubridor,
Porque anoche he descubierto
La medicina de amor.

Cuando al peso de la cruz   5
El hombre morir resuelve
Sale a hacer bien, lo hace, y vuelve
Como de un baño de luz.

XXVII

El enemigo brutal
Nos pone fuego a la casa:
El sable la calle arrasa,
A la luna tropical.

Pocos salieron ilesos   5
Del sable del español:
La calle, al salir el sol,
Era un reguero de sesos.

Pasa, entre balas, un coche:
Entran, llorando, a una muerta: 10
Llama una mano a la puerta
En lo negro de la noche.

No hay bala que no taladre
El portón: y la mujer
Que llama, me ha dado el ser: 15
Me viene a buscar mi madre.

A la boca de la muerte,
Los valientes habaneros
Se quitaron los sombreros
Ante la matrona fuerte.   20

Y después que nos besamos
Como dos locos, me dijo:
«Vamos pronto, vamos, hijo:
La niña está sola: vamos!»

XXVIII

Por la tumba del cortijo
Donde está el padre enterrado,
Pasa el hijo, de soldado
Del invasor: pasa el hijo.

El padre, un bravo en la guerra,   5
Envuelto en su pabellón

Álzase: y de un bofetón
Lo tiende, muerto, por tierra.

El rayo reluce: zumba
El viento por el cortijo: 10
El padre recoge al hijo,
Y se lo lleva a la tumba.

XXIX

La imagen del rey, por ley,
Lleva el papel del Estado:
El niño fue fusilado
Por los fusiles del rey.

Festejar el santo es ley   5
Del rey: y en la fiesta santa
¡La hermana del niño canta
Ante la imagen del rey!

XXX

El rayo surca, sangriento,
El lóbrego nubarrón:
Echa el barco, ciento a ciento,
Los negros por el portón.

El viento, fiero, quebraba   5
Los almácigos [10] copudos:
Andaba la hilera, andaba,
De los esclavos desnudos.

El temporal sacudía
Los barracones henchidos: 10
Una madre con su cría
Pasaba, dando alaridos.

Rojo, como en el desierto,
Salió el sol al horizonte:
Y alumbró a un esclavo muerto,   15
Colgado a un seibo [11] del monte.

Un niño lo vio: tembló
De pasión por los que gimen:
Y, al pie del muerto, juró
Lavar con su vida el crimen!   20

XXXI

Para modelo de un dios
El pintor lo envió a pedir:—
¡Para eso no! ¡para ir,
Patria, a servirte los dos!

---

[10] Almácigo: arbusto cuya madera se emplea en ebanistería.
[11] Seibo: suponemos que se trata de la ceiba, árbol americano descrito en la nota 5 a los *Versos libres*.

Bien estará en la pintura   5
El hijo que amo y bendigo:—
¡Mejor en la ceja oscura,
Cara a cara al enemigo!

Es rubio, es fuerte, es garzón
De nobleza natural: 10
¡Hijo, por la luz natal!
¡Hijo, por el pabellón!

Vamos, pues, hijo viril:
Vamos los dos: si yo muero,
Me besas: si tú... ¡prefiero   15
Verte muerto a verte vil!

XXXII

En el negro callejón
Donde en tinieblas paseo,
Alzo los ojos, y veo
La Iglesia, erguida, a un rincón.

¿Será misterio? ¿Será   5
Revelación y poder?
¿Será, rodilla, el deber
De postrarse? ¿qué será?

Tiembla la noche: en la parra
Muerde el gusano el retoño;   10

Grazna, llamando al otoño,
La hueca y hosca cigarra.

Graznan dos: atento al dúo
Alzo los ojos y veo
Que la iglesia del paseo   15
Tiene la forma de un búho.

XXXIII

De mi desdicha espantosa
Siento, oh estrellas, que muero:
Yo quiero vivir, yo quiero
Ver a una mujer hermosa.

El cabello, como un casco,   5
Le corona el rostro bello:
Brilla su negro cabello
Como un sable de Damasco.

¿Aquella?... Pues pon la hiel
Del mundo entero en un haz,   10
Y tállala en cuerpo, y haz
Un alma entera de hiel!

¿Esta?... Pues esta infeliz
Lleva escarpines rosados,
Y los labios colorados,   15
Y la cara de barniz.

El alma lúgubre grita:
«¡Mujer, maldita mujer!»
¡No sé yo quién pueda ser
Entre las dos la maldita!   20

XXXIV

¡Penas! ¿quién osa decir
Que tengo yo penas? Luego,
Después del rayo, y del fuego,
Tendré tiempo de sufrir.

Yo sé de un pesar profundo   5
Entre las penas sin nombres:
¡La esclavitud de los hombres
Es la gran pena del mundo!

Hay montes, y hay que subir
Los montes altos; ¡después   10
Veremos, alma, quién es
Quien te me ha puesto al morir!

XXXV

Qué importa que tu puñal
Se me clave en el riñón?
¡Tengo mis versos, que son
Más fuertes que tu puñal!

¿Qué importa que este dolor   5
Seque el mar, y nuble el cielo?
El verso, dulce consuelo,
Nace alado del dolor.

XXXVI

Ya sé: de carne se puede
Hacer una flor: se puede,
Con el poder del cariño,
Hacer un cielo,—¡y un niño!

De carne se hace también   5
El alacrán; y también
El gusano de la rosa,
Y la lechuza espantosa.

XXXVII

Aquí está el pecho, mujer,
Que ya sé que lo herirás;
¡Más grande debiera ser,
Para que lo hirieses más!

Porque noto, alma torcida,   5
Que en mi pecho milagroso,
Mientras más honda la herida,
Es mi canto más hermoso.

XXXVIII

¿Del tirano? Del tirano
Di todo, ¡di más!: y clava
Con furia de mano esclava
Sobre su oprobio al tirano.

¿Del error? Pues del error   5
Di el antro, di las veredas
Oscuras: di cuanto puedas
Del tirano y del error.

¿De mujer? Pues puede ser
Que mueras de su mordida;   10
Pero no empañes tu vida
Diciendo mal de mujer!

XXXIX

Cultivo una rosa blanca
En julio como en enero,
Para el amigo sincero
Que me da su mano franca.

Y para el cruel que me arranca   5
El corazón con que vivo,
Cardo ni oruga cultivo:
Cultivo la rosa blanca.

XL

Pinta mi amigo el pintor
Sus angelones dorados,
En nubes arrodillados,
Con soles alrededor.

Pínteme con sus pinceles 5
Los angelitos medrosos
Que me trajeron, piadosos,
Sus dos ramos de claveles.

XLI

Cuando me vino el honor
De la tierra generosa,
No pensé en Blanca ni en Rosa
Ni en lo grande del favor.

Pensé en el pobre artillero 5
Que está en la tumba, callado:
Pensé en mi padre, el soldado:
Pensé en mi padre, el obrero.

Cuando llegó la pomposa
Carta, en su noble cubierta, 10
Pensé en la tumba desierta,
No pensé en Blanca ni en Rosa.

217

XLII

En el extraño bazar
Del amor, junto a la mar,
La perla triste y sin par
Le tocó por suerte Agar [12].

Agar, de tanto tenerla   5
Al pecho, de tanto verla
Agar, llegó a aborrecerla:
Majó, tiró al mar la perla.

Y cuando Agar venenosa
De inútil furia, y llorosa,   10
Pidió al mar la perla hermosa,
Dijo la mar borrascosa:

«¿Qué hiciste, torpe, qué hiciste
De la perla que tuviste?
La majaste, me la diste: 15
Yo guardo la perla triste».

XLIII

Mucho, señora, daría
Por tender sobre tu espalda
Tu cabellera bravía,

---

[12] Recuérdese que se trata de la esclava egipcia, esposa ilegítima de Abraham, que fue madre de Ismael. (Véase *Ismaelillo*, nota 5.)

Tu cabellera de gualda:
    Despacio la tendería,   5
    Callado la besaría.

Por sobre la oreja fina
Baja lujoso el cabello,
Lo mismo que una cortina
Que se levanta hacia el cuello.   10
    La oreja es obra divina
    De porcelana de China.

    Mucho, señora, te diera
Por desenredar el nudo
De tu roja cabellera   15
Sobre tu cuello desnudo:
    Muy despacio la esparciera,
    Hilo por hilo la abriera.

XLIV

Tiene el leopardo un abrigo
En su monte seco y pardo:
Yo tengo más que el leopardo,
Porque tengo un buen amigo.

    Duerme, como en un juguete,   5
La mushma [13] en su cojinete

---

[13] Mushma: musume, muchacha joven en japonés.

De arce del Japón: yo digo:
«No hay cojín como un amigo».

Tiene el conde su abolengo:
Tiene la aurora el mendigo: 10
Tiene ala el ave: ¡yo tengo
Allá en México un amigo!

Tiene el señor presidente
Un jardín con una fuente,
Y un tesoro en oro y trigo: 15
Tengo más, tengo un amigo.

XLV

Sueño con claustros de mármol
Donde en silencio divino
Los héroes, de pie, reposan:
¡De noche, a la luz del alma,
Hablo con ellos: de noche!   5
Están en fila: paseo
Entre las filas: las manos
De piedra les beso: abren
Los ojos de piedra: mueven
Los labios de piedra: tiemblan   10
Las barbas de piedra: empuñan
La espada de piedra: lloran:
¡Vibra la espada en la vaina!:
Mudo, les beso la mano.

Hablo con ellos, de noche!   15
Están en fila: paseo
Entre las filas: lloroso
Me abrazo a un mármol: «Oh mármol,
Dicen que beben tus hijos
Su propia sangre en las copas   20
Venenosas de sus dueños!
Que hablan la lengua podrida
De sus rufianes! que comen
Juntos el pan del oprobio,
En la mesa ensangrentada!   25
Que pierden en lengua inútil
El último fuego!: ¡dicen,
Oh mármol, mármol dormido,
Que ya se ha muerto tu raza!».

Échame en tierra de un bote   30
El héroe que abrazo: me ase
Del cuello: barre la tierra
Con mi cabeza: levanta
El brazo, ¡el brazo le luce
Lo mismo que un sol!: resuena   35
La piedra: buscan el cinto
Las manos blancas: del soclo
Saltan los hombres de mármol!

XLVI

Vierte, corazón, tu pena
Donde no se llegue a ver,
Por soberbia, y por no ser
Motivo de pena ajena.

Yo te quiero, verso amigo,   5
Porque cuando siento el pecho
Ya muy cargado y deshecho,
Parto la carga contigo.

Tú me sufres, tú aposentas
En tu regazo amoroso,   10
Todo mi amor doloroso,
Todas mis ansias y afrentas.

Tú, porque yo pueda en calma
Amar y hacer bien, consientes
En enturbiar tus corrientes   15
Con cuanto me agobia el alma.

Tú, porque yo cruce fiero
La tierra, y sin odio, y puro,
Te arrastras, pálido y duro,
Mi amoroso compañero.   20

Mi vida así se encamina
Al cielo limpia y serena,
Y tú me cargas mi pena
Con tu paciencia divina.

Y porque mi cruel costumbre   25
De echarme en ti te desvía
De tu dichosa armonía
Y natural mansedumbre;

Porque mis penas arrojo
Sobre tu seno, y lo azotan,   30
Y tu corriente alborotan,
Y acá lívido, allá rojo,

Blanco allá como la muerte,
Ora arremetes y ruges,
Ora con el peso crujes   35
De un dolor más que tú fuerte,

¿Habré, como me aconseja
Un corazón mal nacido,
De dejar en el olvido
A aquel que nunca me deja?   40

¡Verso, nos hablan de un Dios
Adonde van los difuntos:
Verso, o nos condenan juntos,
O nos salvamos los dos!

Relationships of Living Things

AUTHORS

Mary Atwater
The University of Georgia

Prentice Baptiste
University of Houston

Lucy Daniel
Rutherford County Schools

Jay Hackett
University of Northern Colorado

Richard Moyer
University of Michigan, Dearborn

Carol Takemoto
Los Angeles Unified School District

Nancy Wilson
Sacramento Unified School District

Macmillan/McGraw-Hill School Publishing Company
New York   Columbus

MACMILLAN / McGRAW-HILL

SCIENCE TURNS MINDS ON™

CONSULTANTS

Assessment:

Janice M. Camplin
Curriculum Coordinator, Elementary Science
Mentor, Western New York
Lake Shore Central Schools
Angola, NY

Mary Hamm
Associate Professor
Department of Elementary Education
San Francisco State University
San Francisco, CA

Cognitive Development:

Dr. Elisabeth Charron
Assistant Professor of Science Education
Montana State University
Bozeman, MT

Sue Teele
Director of Education Extension
University of California, Riverside
Riverside, CA

Cooperative Learning:

Harold Pratt
Executive Director of Curriculum
Jefferson County Public Schools
Golden, CO

Earth Science:

Thomas A. Davies
Research Scientist
The University of Texas
Austin, TX

David G. Futch
Associate Professor of Biology
San Diego State University
San Diego, CA

Dr. Shadia Rifai Habbal
Harvard-Smithsonian Center for Astrophysics
Cambridge, MA

Tom Murphree, Ph.D.
Global Systems Studies
Monterey, CA

Suzanne O'Connell
Assistant Professor
Wesleyan University
Middletown, CT

Environmental Education:

Cheryl Charles, Ph.D.
Executive Director
Project Wild
Boulder, CO

Gifted:

Sandra N. Kaplan
Associate Director, National/State Leadership
Training Institute on the Gifted/Talented
Ventura County Superintendent of Schools Office
Northridge, CA

Global Education:

M. Eugene Gilliom
Professor of Social Studies and Global Education
The Ohio State University
Columbus, OH

Merry M. Merryfield
Assistant Professor of Social Studies and Global Education
The Ohio State University
Columbus, OH

Intermediate Specialist

Sharon L. Strating
Missouri State Teacher of the Year
Northwest Missouri State University
Marysville, MO

Life Science:

Carl D. Barrentine
Associate Professor of Biology
California State University
Bakersfield, CA

V.L. Holland
Professor and Chair, Biological Sciences Department
California Polytechnic State University
San Luis Obispo, CA

Donald C. Lisowy
Education Specialist
New York, NY

Dan B. Walker
Associate Dean for Science Education and Professor of Biology
San Jose State University
San Jose, CA

Literature:

Dr. Donna E. Norton
Texas A&M University
College Station, TX

Tina Thoburn, Ed.D.
President
Thoburn Educational Enterprises, Inc.
Ligonier, PA

Macmillan/McGraw-Hill School Division
10 Union Square East
New York, New York 10003

Printed in the United States of America

ISBN 0-02-276114-4 / 3

5 6 7 8 9 VHJ 99 98 97 96

Shallow reef in Red Sea

Mathematics:
Martin L. Johnson
Professor, Mathematics Education
University of Maryland at College Park
College Park, MD

Physical Science:
Max Diem, Ph.D.
Professor of Chemistry
City University of New York, Hunter College
New York, NY

Gretchen M. Gillis
Geologist
Maxus Exploration Company
Dallas, TX

Wendell H. Potter
Associate Professor of Physics
Department of Physics
University of California, Davis
Davis, CA

Claudia K. Viehland
Educational Consultant, Chemist
Sigma Chemical Company
St. Louis, MO

Reading:
Jean Wallace Gillet
Reading Teacher
Charlottesville Public Schools
Charlottesville, VA

Charles Temple, Ph. D.
Associate Professor of Education
Hobart and William Smith Colleges
Geneva, NY

Safety:
Janice Sutkus
Program Manager: Education

National Safety Council
Chicago, IL

Science Technology and Society (STS):
William C. Kyle, Jr.
Director, School Mathematics and Science Center
Purdue University
West Lafayette, IN

Social Studies:
Mary A. McFarland
Instructional Coordinator of
Social Studies, K-12, and
Director of Staff Development
Parkway School District
St. Louis, MO

Students Acquiring English:
Mrs. Bronwyn G. Frederick, M.A.
Bilingual Teacher
Pomona Unified School District
Pomona, CA

Misconceptions:
Dr. Charles W. Anderson
Michigan State University
East Lansing, MI

Dr. Edward L. Smith
Michigan State University
East Lansing, MI

Multicultural:
Bernard L. Charles
Senior Vice President
Quality Education for Minorities Network
Washington, DC

Cheryl Willis Hudson
Graphic Designer and Publishing Consultant
Part Owner and Publisher, Just Us Books, Inc.
Orange, NJ

Paul B. Janeczko
Poet
Hebron, MA

James R. Murphy
Math Teacher
La Guardia High School
New York, NY

Ramon L. Santiago
Professor of Education and Director of ESL
Lehman College, City University of New York
Bronx, NY

Clifford E. Trafzer
Professor and Chair, Ethnic Studies
University of California, Riverside
Riverside, CA

STUDENT ACTIVITY TESTERS

Jennifer Kildow
Brooke Straub
Cassie Zistl
Betsy McKeown
Seth McLaughlin
Max Berry
Wayne Henderson

FIELD TEST TEACHERS

Sharon Ervin
San Pablo Elementary School
Jacksonville, FL

Michelle Gallaway
Indianapolis Public School #44
Indianapolis, IN

Kathryn Gallman
#7 School
Rochester, NY

Karla McBride
#44 School
Rochester, NY

Diane Pease
Leopold Elementary
Madison, WI

Kathy Perez
Martin Luther King Elementary
Jacksonville, FL

Ralph Stamler
Thoreau School
Madison, WI

Joanne Stern
Hilltop Elementary School
Glen Burnie, MD

Janet Young
Indianapolis Public School #90
Indianapolis, IN

CONTRIBUTING WRITER

Linda Barr

3

Relationships of Living Things

Activities!

EXPLORE

TRY THIS

Features

 Links

Literature Links

Language Arts Link

Music/Art Link

Social Studies Link

Departments

Relationships of Living Things

If you could visit any place on Earth, where would you go? Would you explore the rain forests of Tanzania? Would you climb mountains in Chile (chil´ē)? How about going to the outback in Australia? Perhaps you'd like to see a bustling city like Tokyo (tō´ kyō). Maybe you'd choose the desert stillness of the American Southwest. What about an adventurous trip to the South Pole? There are so many fascinating places on Earth. Where would you like to go?

Which of these places is closest to where you live?
Which one is the farthest away?

Torres del Paine National Park, Chile

6

Mitre Rock, Victoria Australia

Tokyo, Japan

7

Whatever place you choose, in some ways it is like the place where you live. Everywhere on Earth, many different kinds of living things share the same space. In this unit you'll find out how living things affect each other. You'll also find out what happens when we don't take care of the spaces we share.

Dunes near Riyadh, Saudi Arabia

In what ways is this desert like the place where you live? In what ways is it different?

Minds On! On page 1 in your *Activity Log,* make a list of the living things that share your neighborhood with you. ●

Sights and Sounds

Tour guides know all the wonderful things to see and do in the places where they live. They know all about the weather, places of natural beauty, festivals, and history. It's their job to share what they know with visitors. Look at the pictures on these pages. What do you think a tour guide might tell people about these places? If you enjoy people and like to share what you learn, this may be the job for you!

A shallow reef in the Red Sea

In the water, as well as on land, living things share the same space. What kinds of living things, besides fish, live in water?

9

Science in Literature

These books will take you to many different places. One will take you to a different time. In all of them, you'll find different kinds of living things sharing the same space.

Very Last First Time by Jan Andrews.
New York: Atheneum, 1985.

This book takes you to an Inuit (in´ü it) village on Ungava Bay in Northern Canada. You'll take a walk on the bottom of the sea in winter while the tide is out. It's an experience you won't forget.

As you read, notice that you get information in two ways. Both the words and the pictures tell the story. Compare what you learn from the words and pictures. Write your thoughts on page 2 of your **Activity Log.** Share your ideas with another student.

VERY LAST FIRST TIME
BY Jan Andrews ILLUSTRATED BY Ian Wallace

Urban Roosts
by Barbara Bash.
Boston: Little, Brown and Company, 1990.

If you live in a city, this book may really open your eyes. Birds have found some surprising places to live. Many of them are right under your nose, or over your head, or even in your house! Whether you notice it or not, you are sharing your space.

Other Good Books To Read

The Roadside
by David Bellamy.
New York: Clarkson N. Potter, Inc., 1988.

This book shows what happens to animals when a road is built through the place where they live. It will help you see how what humans do affects other living things.

Just a Dream
by Chris Van Allsburg.
Boston: Houghton Mifflin, 1990.

A young boy dreams about a future Earth badly damaged by pollution.

The Great Kapok Tree: A Tale of the Amazon Rain Forest
by Lynne Cherry.
New York: Harcourt, Brace, Jovanovich, 1990.

In this modern fable, the animals of a rain forest persuade a man not to cut down a tree that is an important part of their space.

11

Living Together

Living things have needs. They stay in places where they can get food and minerals (min´ər əlz), water, air, shelter, space, and the right temperature. Some animals need to live in cold places. You need to live where you can stay warm. In this lesson, you'll learn more about the ways living things— like you—depend on other living things and on things that are not living.

Polar bears live along the northern coasts of Canada, Greenland, Alaska, and Russia. They also live on islands in the Arctic Ocean. What would you need to be comfortable in a polar bear's ecosystem?

Polar bears need food such as seals, sea birds, and fish. They also need lots of space. A layer of fat under their thick fur keeps them warm.

Why wouldn't a desert be the best ecosystem for a polar bear? How about under some leaves in a forest? What about in the ocean?

Minds On! Do you know what an ecosystem (ek′ō sis′təm) is? Look above for some clues. On page 3 in your **Activity Log,** list seven places you think are ecosystems. In the next activity, you'll find out more by exploring one. ●

Activity!

What Is in an Ecosystem?

An ecosystem can be as small as a decaying log or as large as an ocean. What are the parts that make up an ecosystem? In this activity you will be studying a small ecosystem to find out.

What You Need

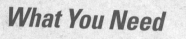

meter tape

ball of yarn

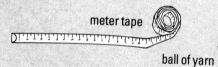

Activity Log, pages 4-5

4 wooden craft sticks

newspaper

hand lens

4 clothespins

thermometer

hand trowel

What To Do

1 Choose a natural area to study. Mark off an area that is one meter square. Stick a clothespin into the ground at each corner. Wrap yarn around the tops of the clothespins to make the square.

2 Look carefully for plants and animals inside the square. *Safety Tip:* Check the area for animals or plants that might be harmful. Try not to disturb the area you are observing. Use the craft sticks to look between the plants. Look for signs of animals, such as a hole dug in the ground or prints. Record the number and kind of each organism (ôr´ gə niz´ əm) that you see.

Safety!

14

See the *Safety Tip* in step 2.

3 Use the hand trowel to dig up some of the topsoil. Spread it on the newspaper. Use the hand lens to observe the topsoil. Record any organisms that you see.

4 Draw a picture of the living things in the area. Show plants, insects, and other living things.

5 Measure and record the temperature at ground level.

6 Record the nonliving things in the area. Describe the color and texture of the soil.

What Happened?

1. How many different kinds of nonliving things did you have in your ecosystem? What nonliving thing did you have the most of?

2. How many different kinds of living things did you have in your ecosystem? What living thing did you have the most of?

3. Is anything in your ecosystem eating something else? How can you tell?

What Now?

1. What other things might live in the ecosystem you observed?

2. Could you live in this ecosystem? Could a polar bear? Why?

EXPLORE

Large and Small Ecosystems

The area you just studied had living and nonliving things. There may have been plants and animals such as insects, worms, and spiders. Other organisms live there, too. But they are too small to see. The nonliving things might have included air, water, rocks, soil, and sunlight.

Organisms depend on both the living and the nonliving things around them. Plants, insects, and other animals depend on air, water, and sunlight to stay alive. The animals might also eat the plants. They might use the plants, rocks, and soil for shelter.

What do you think would happen here if the plants all died? What would happen if the sun stopped shining on it? What would happen if you added something?

TRY THIS

Activity!

Something Added

Return to the ecosystem that you observed in the Explore Activity. Work with the same group you worked with before.

What You Need
piece of bread, fruit, or vegetable; *Activity Log* page 6

Add the food to the area, and observe how the ecosystem changes over a week. Record your observations. Compare the changes with those seen by other groups.

Groups of living things interacting with each other and the place where they live make up an **ecosystem.** The person who studies an ecosystem decides on its size. What was the size of the one you studied?

Earth may be thought of as one large ecosystem.

Desert near Tucson, Arizona

Earth contains smaller ecosystems, such as forests, deserts, towns, and cities.

Pool in Alamo Canyon, Arizona

These ecosystems contain still smaller ones, such as a canyon, a stream, a dead log, a puddle, or even the area under a rock.

A Swamp Ecosystem

All the living things in a certain area—animals, plants, fungi (fun´jī), bacteria (bak tîr´ē ə), and other organisms—make up a **community**. What are some different kinds of living things in your own community?

A group of organisms of the same kind living in the same area at the same time is called a **population** (pop´ yə lā´ shən). What are some of the different populations in this swamp community?

The organisms in a population live together because they have the same needs.

*The place in an ecosystem where a population lives and grows is called a **habitat** (hab´i tat´). Each population in a swamp lives in a habitat that meets its needs.*

Cypress and Spanish moss

Cypress tree

Pilea wood

Skunk cabbage

Pitcher plant

Sword fern

Fowler's toad

Wild iris

Muskrat

Golden club

American alligator

Green darner

Florida cottonmouth

Golden orb spider

Florida red-bellied turtle

Minds On! Think about your habitat. On page 7 in your **Activity Log,** list five things you need to live and grow. Beside each, tell where or how you get it. ●

18

Often, several populations share the same habitat. What populations live in the water? Which ones live in the soil? Which live on the ground?

Gray squirrel

Anhinga

The habitat of one population may be on or in that of another population. A tree can be a bird's habitat. That same tree can also be the habitat of vines, a squirrel, and many insects.

Yellow butterwor

White-tailed deer

Wild grape vine

Florida puma

Great egret

Cattail

Green tree frog

Water lily

Eastern box turtle

Activity!   Under a Stone

What lives in the habitat beneath a stone?

What You Need

small stone or piece of wet cardboard that has been lying on the ground, garden gloves, *Activity Log* page 8

What populations do you think would live in this habitat? Record your predictions. Now carefully lift up the stone. *Safety Tip:* Wear gloves. Record your observations. Then be sure to put the stone back in place so that you don't destroy the habitat. If you looked under a stone somewhere else, would you expect to find the same kinds of populations? Why or why not?

Whose Habitat?

You are part of an ecosystem of living and nonliving things. The living things—people, pets, birds, insects, trees, bushes, flowers, and grass—make up a community. You are part of one population in your community. The polar bear is part of one population in its community of living things in the Arctic. Your habitat provides the food, water, shelter, and space you need to live and grow.

Minds On! Look at the ecosystems you listed on page 3 of your *Activity Log.* Did you name places like forests, fields, streams, and deserts? Did you also list smaller ecosystems, like a puddle or a log? Compare your list with a classmate's list. Did you name any of the same ecosystems?●

Your habitat didn't always look the way it does now, especially if you live in a town or city. Once it was the home of many different populations.

Housing development in Marin County, California

Then things began to change. The forests were cut down to build houses and roads. Meadows became back yards, and streams and ponds were filled in with soil.

Mule deer

Brown bear **Mountain lion** **Marsh hawk** **Aquilegia plants**

Animals like bears, mountain lions, wolves, and hawks left for habitats with fewer people.

Wildflowers died. Their original habitats no longer provided the food, water, shelter, and living space these organisms needed.

When habitats change, the entire ecosystem changes. When you hear about a kind of plant or animal becoming **endangered** (en dān´ jərd), it is usually because there is no longer enough suitable habitat. Some of these plants and animals are now extinct. **Extinct** (ek stingkt´) means there are no more of them still alive. Do you know of any plants or animals that are endangered or extinct?

21

They're Back!

When the habitat changes, plants don't have any choice. They either survive where they are or they die. Animals do have a choice. They can leave or they can stay.

Many animals are driven away as their habitats become towns and cities. Others have learned how to live with people.

Opossums and raccoons live in attics and find food in garbage cans, not forests.

Moose eat bushes around houses from Maine to Alaska.

Falcons nest on the rooftops of tall buildings in cities in the same way they used to nest on mountain cliffs.

Many areas now have programs to provide new or improved habitats for animals that have lost their natural homes. Protecting habitats is an important way to keep animals and plants from becoming extinct. Are there any of these programs where you live?

Urban Roosts

In *Urban Roosts* by Barbara Bash, you'll find out where birds live in the city. They build nests in places you'd never think to look. After you've read the book, walk through your neighborhood or an area near your school. Compare what you see with what you found in the book. Record your observations on page 9 in your ***Activity Log.*** Then share them with your class.

Minds On! Imagine a habitat that could be set up on an empty lot in your neighborhood. Draw a picture of it on page 10 in your ***Activity Log.*** Remember to include plants and animals in your habitat. ●

Rock dove with nest in sign

Sum It Up

What smaller word do you see in *ecosystem?* You know that a *system* is a group of things that work together. In an ecosystem the living things interact with each other and with the nonliving things, too. That's how an ecosystem works.

Critical Thinking

1. What are some living and nonliving things in your ecosystem?

2. How do people make it harder for plants and animals to live in your community?

3. How could people make it easier for plants and animals to live in your community?

Getting Food

Earth is a carefully balanced system. In a way, it's like a watch. It has many parts that must all work together. It needs energy to keep it running. In this lesson you'll find out where that energy comes from. You'll also find out what happens to it as it flows through the system.

Did you drink some milk today? Food like milk gives you energy to work and play. Your milk came from cows, which eat grass and other plants to get the energy they need. The grass gets energy from the sun. Did you know your glass of milk depends on the sun?

Holstein cows

Minds On! One more thing about milk—after a while, it gets sour. Why does that happen? Write what you think on page 11 in your *Activity Log.* ●

In the next activity, you'll find out more about how energy flows through Earth's system.

Activity!

How Does the Energy Move?

Suppose you left your lunch box at school over the weekend. You know the food won't look the same on Monday as it did on Friday. What happened to it? And what does what happened have to do with energy moving through Earth's system?

6 zip-lip plastic bags

What You Need

Activity Log, pages 12-13

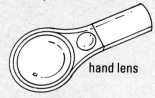

2 small pieces of apple

2 small pieces of cheese

2 small pieces of bread

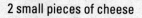

dropper

water

hand lens

What To Do

1 Working with a partner, fill the dropper with water. Moisten each food sample. Wait five minutes.

2 Observe each sample. Record your observations.

Safety!

See the *Safety Tip* in step 5.

3 Place one sample in each of the bags and seal the bags.

4 Put three of the bags (one of each kind of food) in a warm, dark place. Put the other three bags in a refrigerator. Predict what you think will happen to each set of samples. Record your predictions.

5 Observe the bags every day for the next four days. *Safety Tip:* Do not open the bags. Use a hand lens to examine the food inside each bag. Record your observations.

What Happened?

1. Compare the samples kept in a warm, dark place with the ones kept in the refrigerator. How are they the same? How are they different?

2. On which samples did organisms appear? How long did it take?

3. What are the organisms doing to the food?

What Now?

1. Think about your observations. What do you think would happen if you took the samples out of the refrigerator and put them in a warm, dark place for a week?

2. What kind of environment do these organisms prefer?

3. How do these organisms get the energy they need?

EXPLORE

Energy in the Ecosystem

In the Explore Activity, mold grew on the samples that weren't in the refrigerator. Mold is a living thing. It's a fungus (fung´ gəs) that sometimes looks fuzzy and can be different colors. Molds get food by breaking down the substances they grow on. Mold is too small to see until it begins to grow. It grows faster in warm, dark places than in cold ones. Molds and other living things like them are part of how energy flows through an ecosystem.

Green plants are called **producers** *(prə dü´ sərz) because they use the sun's energy, along with other substances, to make their own food.*

Many organisms can't make their own food. They are called **consumers** *(kən sü´ mərz) because they use plants or other consumers to get energy.*

Consumers eat many, many producers or other consumers to replace the energy they use. A growing consumer (like you) needs lots of energy to grow new cells.

European rabbits

28

Energy from food keeps plant cells alive. Plants store food in roots, stems, leaves, and flowers.

Mold on orange

Bacteria

Some consumers are decomposers. **Decomposers** (dē´ kəm pō´ zərz) get energy by causing dead organisms to decay.

Fungi, such as mold, and some bacteria and worms are decomposers.

Other consumers are scavengers. **Scavengers** (skav´ ən jərz), such as vultures, crabs, and crows, get their energy by eating dead organisms.

You may have seen scavengers eating animals killed on a highway.

Lappet-faced vultures

Activity!

A Worm Box

Remember the sour milk you wrote about on page 11 of your *Activity Log?* Bacterial decomposers changed the milk to get the energy they needed. In this activity you'll see some different decomposers at work. They will help you make some compost. **Compost** (kom´ pōst) is a mixture of decaying plant materials that makes soil richer and more fertile.

What You Need

plastic shoe box, wooden spoon, lettuce leaf, potato peeling, newspaper, water, dry leaves, soil, 6 earthworms, *Activity Log* page 14

Tear up some newspaper into 20 small pieces. Moisten the pieces, and put them into the box. Sprinkle in a few crumbled up leaves. Fill the box 2/3 full with soil. Break the lettuce leaf and potato peeling into small pieces, and add them to the box. Last, put in the worms. Keep the box moist, adding a cup of water once a week. **Carefully** turn the soil over. Record your observations. After three weeks mix the compost into the soil around plants. Release the worms into a safe environment. What did you learn from your observations?

Keep It Moving

The energy in ecosystems flows from the sun to producers to consumers in a food chain. In a **food chain,** each living thing may be food for the next living thing.

The arrows show how the energy is moving.

Follow the arrows to see the beginning and end of each food chain. How many food chains are there?

What else might the hawk eat from another food chain?

Overlapping food chains are called a **food web.** What else might the fox eat from another food chain?

31

What happens to energy as it moves through food chains and food webs?

Some energy passes from producers to consumers. But as energy continues to move, a large part of it is used by living things.

Energy used   **Energy passed on**

Energy used

Energy passed on

Food chains and webs all depend on the sun. If the sun were any closer or any farther away from Earth, producers might grow faster, or slower, or not at all.

A change in the number of producers would affect all the food chains and webs—every living thing on Earth, including you!

Energy

Minds On! On page 15 in your ***Activity Log,*** draw a food chain that begins with a producer and ends with you. Compare your food chain with those of three classmates. Do you all have the same living things and the same number of steps?●

Seeing the Connections

Have you ever had uninvited picnic guests? Even though ants, mosquitoes, and other insects can be pests, they're an important link in the food chain. If they were all suddenly killed, fish and birds would soon die, too. They wouldn't have enough food. And people who eat birds and fish would have to find something else to eat.

Minds On! Suppose all the plants in a forest ecosystem died. What difference would that make to foxes and snakes? They don't eat plants. Write what you think on page 15 of your *Activity Log.*●

Language Arts Link

It's a Riddle!

Choose a plant and an animal that you like. On page 16 in your *Activity Log,* write a riddle about each one. Put clues about its habitat, what it eats, and what might eat it. Share your riddles with your class. See if they can guess the answers.

Web of Death

One food web stretched from California to the Arctic—and carried DDT with it. DDT is a chemical that was used to kill insects.

DDT was sprayed on crops.

Runoff carried it to the ocean where it settled on small plants that fish ate.

White mullet

When the fish swam north, seals ate many of them.

Pelicans ate the fish, too. The DDT caused them to lay eggs with thin shells. Many eggs were crushed. DDT in their food chain nearly wiped out the pelicans.

Polar bears ate large numbers of seals. As the amount of DDT in their bodies increased, many bears died.

Because it's so dangerous, DDT isn't used much any more in the United States.

Insects can be controlled in other ways. The Chinese were among the first to find natural ways to do this. Around A.D. 100 they discovered a powder made from chrysanthemum (krə san´ thə məm) flowers that kills certain insects but is not harmful to other organisms.

SCIENCE TECHNOLOGY AND Society Focus on Environment

Instant Worms!

Scientists know that some of the tiny worms called nematodes (nem´ə tōdz) kill insects without harming other organisms. Now they can ship the worms to farmers who need them. They put live worms into a liquid that pulls water from their bodies. Then the dried worms are refrigerated and shipped. When farmers add water, the worms plump back up. They're good as new and hungry for insects that eat up crops! Do you think this is a good way to control insects? Why?

Sum It Up

You and other living things on Earth depend on the sun for energy to live and grow. Energy moves through each community from producers to consumers. Some energy is passed along, but most is used as it flows through the ecosystem.

Critical Thinking

1. How does energy flow from a consumer to a decomposer to a producer?

2. If smoke blocked the sun for a long time, how would food chains be affected?

3. Why should it matter to you if a plant or an insect you've never heard of is endangered?

Staying In Balance

What do these animals need to stay alive? How do they get these things? In this lesson look for the different ways living things in a community act on each other to get what they need and keep their ecosystem in balance.

Minds On! What do you think would happen if zebras ate all the plants in their habitat? What would happen to other plant eaters? And what about the lions? They don't eat plants, but soon they wouldn't have any food, either. The whole ecosystem would be out of balance. Write your thoughts on page 17 of your *Activity Log.*●

Gazelles, zebras, giraffe, and gemsbok at a waterhole at Etosha, Namibia

In the next activity, you will explore one of the ways organisms act on each other in order to survive (sər vīv´) in a habitat.

37

Activity!

Elbow Room!

You know that space is one of the needs of living things. You probably know what happens when there are too many people in one place. But what about plants? What happens when there are too many plants in one place? Does the amount of available space affect the way plants grow?

What You Need

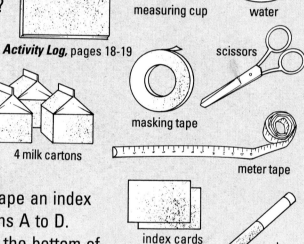

Activity Log, pages 18-19

measuring cup

water

scissors

masking tape

meter tape

soil from a yard or garden

seeds

4 milk cartons

index cards

marker

What To Do

1 Cut the tops from the milk cartons. Tape an index card to each carton. Label the cartons A to D. Carefully punch three drainage holes in the bottom of each carton. *Safety Tip:* Use scissors carefully.

2 Fill each carton to the same level with soil.

Safety!

See the *Safety Tip* in step 1.

3 Place 3 bean seeds, 3 corn seeds and 3 wheat seeds on top of the soil in carton A. Carefully sprinkle about 5 mm of soil over the seeds.

4 In the same way, plant 3 bean seeds in carton B. Plant 3 corn seeds in carton C. Plant 3 wheat seeds in carton D.

5 Place the cartons in a well lighted area. Predict what you think will happen by drawing what you think the plants will look like in 14 days.

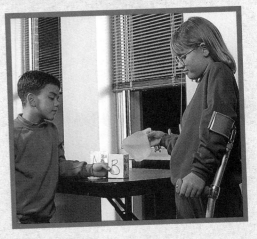

6 Water the seeds every two days when the soil begins to dry out. Keep the soil moist, but do not overwater. Use the same amount of water for each carton. Observe the seeds for 2 weeks.

7 Record your observations on the chart in your *Activity Log.*

What Happened?

1. After 14 days, how many plants were there in each carton?
2. After 14 days, how did the plants in carton A compare in height to the plants in other cartons?
3. After 14 days, which type of plant seemed to be doing better?

What Now?

1. For what things were the plants in each carton competing?
2. How did the number of plants in carton A affect each plant getting what it needs?
3. How could you test how much space animals need?

EXPLORE

39

Competition

The number of plants in an area affects how they live and grow. The plants in cartons B, C, and D had larger leaves and were healthier. Each had more space, water, and soil than the carton A plants. The plants in carton A were more crowded. Less soil, water, and space affected their health.

When there are many organisms in an ecosystem, they are in competition for what they need to stay alive. **Competition** (kom´ pi tish´ ən) happens when one organism works against another to get something it needs to live. Most often, they compete for food. But even with plenty of food, the number of organisms in an area is limited by disease, space, and other things.

How many organisms can live in an ecosystem? It depends partly on the amount of rain, soil, and sunlight available for producers. Fewer plants can grow in a dry desert ecosystem. So fewer consumers can live in the desert.

Death Valley California

Rain forest in Ecuador

In a rain forest ecosystem, many plants can grow because there is plenty of rain, sunlight, and soil. Producers have enough energy to feed many consumers.

Gazelles

In each community, members of the same population compete because they eat the same things and live in the same habitat. For example, zebras compete with each other for food.

Members of different populations compete with each other for food, too. Lions and leopards both eat zebras, wildebeest (wil´də bēst´), and gazelles (gə zelz´). Lions and leopards are predators. A **predator** (pred´ə tər) is an animal that captures other animals for food. The animals that are eaten by a predator are called **prey** (prā).

Praying mantis eating copper butterfly

Some birds, insects, and fish are predators. Hawks and owls eat rabbits and mice. A praying mantis eats hundreds of other insects. Sharks and bass eat other fish. Predators can also become prey. Some birds eat praying mantises. Smaller fish are eaten by larger fish.

Cheetah

41

Avoiding Competition

Competition does take place, but populations avoid it because the goal of all living things is to survive. Avoiding competition makes it possible for more organisms to stay alive. How do organisms avoid competition?

They do it by being limited to a very particular behavior or food, which gives them their own place in the ecosystem. This place is their niche. A **niche** (nich) is the organism's job or role in the ecosystem. By being limited in this way, many different populations of organisms can share the same space, food, water, and other things they need to stay alive.

Consumers like zebras and gazelles graze in the same area. But both will eat other plants besides grasses.

Zebra

Predators that hunt in different places at different times don't compete.

Predators also use different ways to capture their prey. Cheetahs use speed, leopards use ambush, and lions often bully another predator out of what it has killed and take the food for themselves.

Lions with Prey

These same behaviors can be seen in birds, insects, and other animals.

Three different kinds of tiny organisms called mites (mītz) live on three different areas of a honey bee's body.

Barn owl

Hawks and owls have the same prey, but they hunt at different times.

Twenty different insects use the North American white pine for food. They just eat different parts of the tree.

Adjusting in order to survive is also seen in plants. Each kind of plant has its own special place, or niche, which allows it to live and grow in its habitat.

Some plants grow in the early part of the growing season. Other plants grow later in the season.

California forest

North American pine

Some plants live in shade while others live in sunlight. Some plants live in moist soil while others live in drier soil.

Cooperation

Besides avoiding competition, there is much cooperation among organisms. **Cooperation** happens when one organism is helpful in some way to another. Sometimes it occurs within a population.

There are many examples of cooperation between populations, too. Do you know of any plants that grow on other plants? What are some animals that use plants for shelter?

Some populations live in a close cooperative relationship called **symbiosis** (sim´ bē ō´ sis). In one kind of symbiosis, both populations are helped by living together.

Herds of elephants live together and protect each other. Fish swim together in a school for protection. Bees live in hives in which each bee has a responsibility.

In the ocean, 42 kinds of fish get their food by going inside the mouths of larger fish and cleaning the larger fish's teeth! The tiny fish get their food in this way.

Sweetlips with cleaner wrasse removing parasites

In another kind of symbiosis, only one of the populations is helped. Fish called remoras (rem´ ər əz) hitchhike rides on manta rays in the ocean.

There is also a kind of relationship in which one population is a parasite. A **parasite** (par´ ə sīt´) lives in or on another organism, called a **host.** A parasite is harmful to the host in some way.

Mistletoe is a parasite. This plant lives on trees and takes nutrients and water from them.

TRY THIS

Activity!

What's on That Leaf?

In this activity you will observe a parasite that lives in a gall. A **gall** is an unusual growth or swelling on a plant that can be caused by insects.

What You Need
jar, cheesecloth, rubber band, leaves with plant galls, *Activity Log* **page 20**

Place the leaves in the jar. Cover the top of the jar with cheesecloth. Hold it in place with the rubber band. Observe the galls. Record your observations. What stage of insect emerged from the gall? What stage of insect lives in a gall?

Your World in Balance

Relationships among organisms are happening all around you in yards, vacant lots, and parks.

Minds On! What predator/prey relationships do you see in this picture? What about cooperative relationships? What other examples of these relationships could you show by changing the picture? ●

Whether a habitat is large or small, the populations interact. What you've learned in this lesson will help you see more of what was going on in the Explore Activity on pages 14 and 15.

TRY THIS
Activity!

Revisit Your Ecosystem

In this activity you will identify the interactions of populations in a small ecosystem.

What You Need
Activity Log pages 4–5, page 21

Work in the same groups as in the Explore Activity. Read over your notes, and look at your drawing of the ecosystem. List examples of competition, ways of avoiding competition, and examples of cooperation among the populations. Compare your findings with those of other groups.

Music/Art  Link

Your Own Garden

Now that you know more about how populations interact with each other, plan and draw a garden on page 22 of your **Activity Log.** Include your favorite fruits, vegetables, and flowers. Use seed catalogs to find out what the plants you chose will need. The amount of light, water, and space as well as the kind of soil are all important. Finish by drawing any animals that would help your garden grow. Which ones would you like to stay away? Why?

Sum It Up

Balance in an ecosystem happens because populations interact to survive. Competition and cooperation are part of how this happens. Each population has a niche. That's part of it, too. There are changes and adjustments in the process. But over time, these interactions keep things balanced.

Critical Thinking

1. Remember the zebras? What two things might limit their population so they wouldn't eat all the grass in their habitat?
2. Squirrels and caterpillars live in the same habitat, but they don't compete. Why?
3. What's a predator for squirrels? For caterpillars?

Earth's Cycles

Water—you probably know you can't live without it. Other living things can't either. In this lesson you'll learn about some ways that water, oxygen, and other materials in an ecosystem are used over and over so we don't run out.

Tropical rain forest

Minds On!
When rain sinks into the ground, what happens to it? Is it wasted? Should we try to save it? Draw a picture that shows what you think happens to rainwater on page 23 of your ***Activity Log.***●

Water is important to different living things in different ways. Some drink it. Others live in it. In the next activity, you'll explore how living things get what they need in a water habitat.

Activity!

You Can Make an Ecosystem

You probably know how much work it is to take care of a pet. Even plants need some care. Have you thought about how all the animals and plants in nature get what they need to live and grow? In this activity you will see how some of these materials are used over and over in an ecosystem.

What You Need

Activity Log, pages 24-25

2-liter plastic drink bottle

water with no chlorine

bottom of another drink bottle

fish food

gravel

small guppy

fish net

2 small Elodea plants

meter tape

What To Do

1 Wash the gravel until the water is clear. Your teacher will give you a bottle whose top has been cut off. Put a layer of gravel about 3 cm deep in the bottom of the bottle.

2 Fill the bottle about half full of water. Anchor the plants by gently pushing the roots into the gravel. Cover the bottle with part of another bottle that your teacher will give you. Put your ecosystem in a place where it receives plenty of light, but is not directly in the sun.

50

3 After 2 days, use the fish net to gently place the guppy in the bottle. Add one flake of fish food to the water in the bottle through one of the holes in the top. Later in the week, add another flake.

4 Observe this ecosystem for a period of 4 weeks, adding one flake of fish food twice each week. Record your observations in your *Activity Log*.

What Happened?

1. What does your ecosystem look like now compared to when you started? What does that tell you about how balanced your ecosystem is?

2. What did the fish need to survive?

3. What did the plants need to survive?

What Now?

1. Did you observe bubbles in the ecosystem? If so, what do you think the bubbles were? From where did they come?

2. What did the light provide to the ecosystem? What did the water provide to the ecosystem?

3. Do the organisms get what they need? How do you know?

Cycles of Life

The ecosystem in the Explore Activity had two populations. Each used some of what the other put into the water. The plants used carbon dioxide from the fish, energy from the sun, and water to make food. They also produced oxygen. The guppy got energy from the fish food. It used oxygen from the plants and the water. The plants also used some oxygen and produced some carbon dioxide as they used food. These exchanges between the fish and the plants happened over and over. As long as they continue, the ecosystem will be balanced.

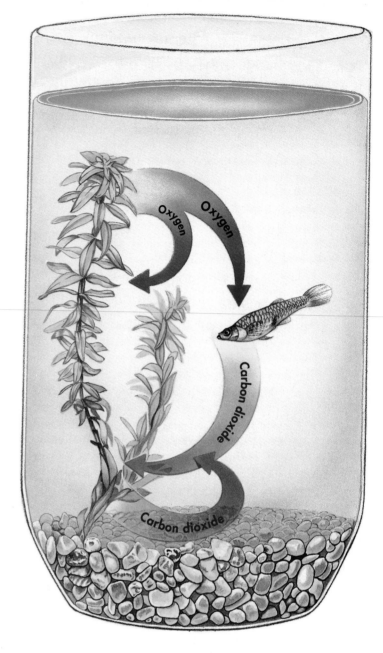

Literature Link

Very Last First Time

Fish get oxygen from water. You get it from air. Read *Very Last First Time* by Jan Andrews to find out about the water habitat that Eva visited when she walked on the bottom of the sea. On page 26 of your **Activity Log,** list the populations she saw. Choose one and find out more about it. Share what you learn with your class.

Something that happens over and over in the same way is called a **cycle**. The **carbon dioxide and oxygen cycle** is an exchange between producers and consumers. These gases are passed from one population to another in both water and land habitats. If the gases were used up instead of being exchanged in this cycle, the living things would die.

Earth has many other cycles. The seasons occur every year. Day and night happen every 24 hours. What are some other cycles?

Most animals' lives have a cycle. A tadpole grows into a toad, which lays eggs, which hatch into more tadpoles.

The Water Cycle

Another important cycle in an ecosystem is the water cycle. The **water cycle** is the process by which water changes from solid to liquid to gas and back again. It is very important to living things. Look back at the picture you drew on page 23 of your *Activity Log* to show what you think happens to rainwater that sinks into the ground. How do your ideas match up with this diagram?

All living things need water. Green plants use water to make food. Some animals drink water. Others live in it.

What happens to water that falls to Earth? Some water runs along the ground and into oceans, lakes, rivers, and streams.

Some water sinks into the ground. It is called groundwater. Later, it flows into the lakes, rivers, and oceans on Earth's surface.

54

Heat from the sun makes water return to the air (evaporate). Water evaporates into the air from surface water and from the leaves of green plants. The water becomes water vapor, a gas that you cannot see.

When water vapor in the air cools, it changes back into liquid water. It returns to Earth as dew, frost, rain, snow, sleet, or hail.

Activity!

Water While You Wait

You can make a model to show how part of the water cycle works.

What You Need

jar, water, measuring cup, plastic wrap, rubber band, Activity Log page 27

Put ½ cup of water in the jar. Cover the top with plastic wrap. Hold it in place with the rubber band. Put the jar in direct sunlight. Observe over three days. Record your observations. What part of the water cycle did you observe in this activity?

Recycling

Everything is made of matter. The same matter that's on Earth now was here when the dinosaurs lived. It can't be destroyed or used up.

Earth recycles matter. **Recycle** means to change something that has been used into something that can be used again. As matter is recycled, it may change form several times.

When you eat corn, part of it becomes the cells in your body. The matter in the corn isn't gone. It just has a different form.

Producers, like the corn plant, and consumers, like you, as well as scavengers and decomposers, take part in the recycling of matter.

Taking Care of Earth

All living things, including you, need Earth's natural resources. A **natural resource** is a material found in nature that is useful or necessary to living things. Water, oxygen, trees, and minerals are examples of natural resources.

You have learned that some of Earth's resources are recycled through the actions of living things. But sometimes people interfere. For example, we do things to change the oxygen and carbon dioxide cycle.

Destroying large parts of Earth's rain forests can lead to more carbon dioxide and less oxygen in the air.

Destruction of tropical rain forest in Costa Rica

Polluting the oceans kills algae (al´jē) and other organisms that produce much of Earth's oxygen.

Tanker spilling oil into ocean

If we stop doing these things, Earth will be better able to keep this important cycle in balance.

Trouble Here!

With a small group, find places where ecosystems are in trouble. For example, parts of North America are being harmed by acid rain. In South America, rain forests are being cut and burned. Fishing areas in Asia have been polluted. Design IN TROUBLE symbols, and mark these places on a map. Have each person tell the class about one area. Pretend to be "on the scene" TV reporters. Be sure to tell what is being done to solve the problem.

One problem we can all work on is saving trees. We can stop wasting paper. We can recycle the paper we use. And we can buy products that have been made with recycled materials.

Where is the recycling center closest to where you live? What materials do they accept?

Activity!

Use It Up!

In this activity you'll work in groups to save and recycle your class's waste paper.

What You Need
2 cardboard boxes, *Activity Log* page 28

Separate waste paper that your group has used into two stacks each day. Put completely used paper into one box. Put reusable paper into the other box. After 5 days, compare the amounts in the boxes. List ways that your reusable paper could be used again. How could your group have used less paper? Compare your ideas with those of other groups. Take the completely used paper to a recycling center.

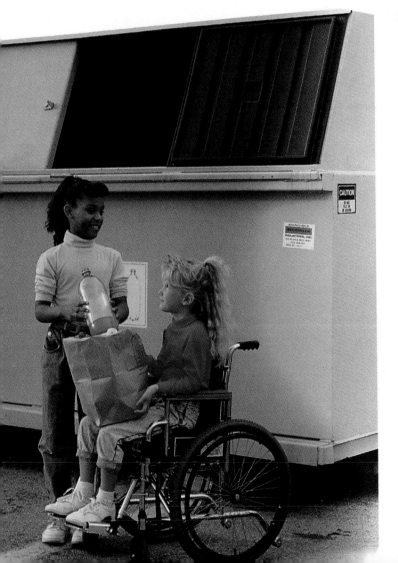

Sum It Up

Earth supplies what living things need. These materials are used and reused by organisms as they interact in the carbon dioxide and oxygen cycle and in the water cycle. When these cycles are interrupted, the ecosystem becomes unbalanced.

Critical Thinking

1. People sometimes change matter into a form that can't be used again. What's one example?

2. How does the change in seasons help Earth recycle its resources?

3. Do people have a life cycle? What is it?

59

What Can You Do?

You have learned to think of Earth as an ecosystem. All living and nonliving things are part of it. When humans damage the ecosystem, the living things are affected. The nonliving things are affected, too. Taking care of Earth is a big job. None of us can do it alone. Here are some things you can do to help.

In Your Home

● Save glass jars and bottles, newspapers, and aluminum cans. With your parents, take them to a recycling center.

● Save plastic bags to line wastebaskets.

Recycling center in Edison, N.J.

Activity!

Fill It Up

You can make containers to collect materials you want to recycle.

What You Need

3 strong cardboard boxes, marker, *Activity Log* page 29

Label each box with what it will hold. Mark them NEWSPAPERS, GLASS, and CANS. Draw pictures on them, if you want to. Ask your family to help by putting things in the right box. Use the boxes to take what you collect to the nearest recycling center. How much did your family collect? What are some other ways to reduce the amount of trash you produce? Write your thoughts in your *Activity Log.*

When You Shop

● Practice precycling.
Precycling (prē sī´kling)
means buying wisely so
there is less to recycle. Ask
your family not to buy
things with too much
packaging or wrapping.
Some of packaging keeps
things clean and safe.
But too much is wasteful.

● Take your own grocery bags
to the store with you. Use
them until they wear out.

● Ask your family to buy
cleaners that are
biodegradable.
Biodegradable
(bī´ō di grā´də bəl) means
capable of being decayed
naturally. Materials that
aren't biodegradable can
poison the soil and water.
Read the labels. Look for
the words *biodegradable*
and *degradable* on the
things you buy.

TRY THIS  **Activity!**

Enough Is Enough!

What kinds of packaging make sense?
What kinds are wasteful? In this activity
you'll observe and evaluate the
packaging of products.

What You Need
Activity Log page 30

Look in the refrigerator and the cabinets
in your home. Observe the way products
are packaged. Are there any that are
covered in unnecessary cardboard or
plastic? Record what you observe. Now
visit a supermarket. Find examples of
enough packaging and too much
packaging. Look at products such as
deodorants and cleaners, as well as
food. Record your observations.
Compare them with those of other
students.

10
Trash
bags

fits up to
30
gallon
can

DEGRADABLE
ACTIVATED BY EXPOSURE TO THE ELEMENTS

For the Animals

- Cut apart the plastic rings that connect some aluminum cans. Animals can get tangled in them.

- Plant flowers like marigolds or cosmos to attract butterflies and bees.

- Provide yarn or other biodegradable materials that birds can use to build their nests.

Gull caught in plastic rings

Activity!

New Housing

How can recycling help the birds? They can use what you collect to build their nests.

What You Need
net bag, small sticks, string, hair from a hairbrush, lint from a dryer, scissors, *Activity Log* page 31

Fill the net bag with hair, sticks, lint, and cut-up bits of string. Be sure everything is in small pieces. Tie the bag shut. Pull some of the materials part way through the net. Use string to tie the bag to a branch of a tree. Observe the bag over the next four weeks. Record your observations.

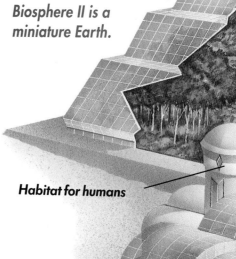

Biosphere II is a miniature Earth.

Habitat for humans

Farm

An Experiment in Living

In the desert near Tucson, Arizona, eight people had an idea for taking care of Earth. They lived inside a glass and steel dome called Biosphere II (bī´ə sfîr´) for two years. They were trying to find the right mixture of plants and animals that will allow an artificial ecosystem to supply all of its own needs.

Were they successful? Well, they had some trouble. The carbon dioxide and oxygen cycle became unbalanced. But scientists are working on ways to solve this problem. More experiments are planned for Biosphere II, so that we can learn how to take better care of Biosphere I—Earth. And that will be very good news for us all.

Biosphere II has its own water and air.

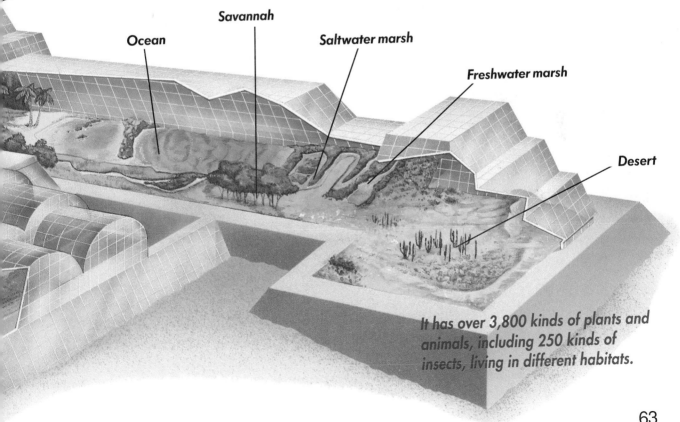

Rain forest

Savannah

Ocean

Saltwater marsh

Freshwater marsh

Desert

It has over 3,800 kinds of plants and animals, including 250 kinds of insects, living in different habitats.

63

GLOSSARY

Use the pronunciation key below to help you decode, or read, the pronunciations.

Pronunciation Key

a	at, bad		d	dear, soda, bad
ā	ape, pain, day, break		f	five, defend, leaf, off, cough, elephant
ä	father, car, heart		g	game, ago, fog, egg
âr	care, pair, bear, their, where		h	hat, ahead
e	end, pet, said, heaven, friend		hw	white, whether, which
ē	equal, me, feet, team, piece, key		j	joke, enjoy, gem, page, edge
i	it, big, English, hymn		k	kite, bakery, seek, tack, cat
ī	ice, fine, lie, my		l	lid, sailor, feel, ball, allow
îr	ear, deer, here, pierce		m	man, family, dream
o	odd, hot, watch		n	not, final, pan, knife
ō	old, oat, toe, low		ng	long, singer, pink
ô	coffee, all, taught, law, fought		p	pail, repair, soap, happy
ôr	order, fork, horse, story, pour		r	ride, parent, wear, more, marry
oi	oil, toy		s	sit, aside, pets, cent, pass
ou	out, now		sh	shoe, washer, fish mission, nation
u	up, mud, love, double		t	tag, pretend, fat, button, dressed
ū	use, mule, cue, feud, few		th	thin, panther, both
ü	rule, true, food		th	this, mother, smooth
u̇	put, wood, should		v	very, favor, wave
ûr	burn, hurry, term, bird, word, courage		w	wet, weather, reward
ə	about, taken, pencil, lemon, circus		y	yes, onion
b	bat, above, job		z	zoo, lazy, jazz, rose, dogs, houses
ch	chin, such, match		zh	vision, treasure, seizure

bacteria (bak tîr′ ē ə) one-celled organisms that are so small that they can be seen only through a microscope. Bacteria are found in air, soil, and water, and in and on all plants and animals.

biodegradable (bī′ ō di grā′də bəl) capable of being decayed naturally

carbon dioxide (kär′bon dī ok′sīd) a colorless, odorless gas, made up of carbon and oxygen, that is present in the atmosphere. Carbon dioxide is exhaled by animals as a waste product and used by plants to make food.

carbon dioxide and oxygen cycle— the movement of two gases through Earth's ecosystems as they are exchanged by producers and consumers

community (kə mū′ ni tē) all the animals, plants, and other organisms that live in a certain area and interact with each other

competition (kom′pi tish′ən) the active seeking after and use of a resource that is in limited supply by two or more organisms. For example, animals compete for food, and plants compete for light, water, and space.

compost (kom´pōst) a mixture of decaying plant materials that makes soil richer and more fertile

consumer (kən sü´mər) an organism that can't make its own food. A consumer uses other organisms for food.

cooperation (kō op´ə rā´shən) the act of one organism getting a benefit from another in a non-harmful way. For example, trees provide shelter for animals, as well as a place for other plants such as vines to grow.

cycle (sī´kəl) a series of events or actions that happens over and over in the same way

decomposer (dē´kəm pō´zər) an organism that gets food by breaking down dead plant and animal matter into simpler substances. For example, fungi and some bacteria are decomposers.

ecosystem (ek´ō sis´təm) a system in which all the living things in a community interact with each other and the place where they live

endangered (en dān´jərd) having very few living members. An endangered organism is in danger of becoming extinct.

extinct (ek stingkt´) having no living members. When there are no more of a particular plant or animal still alive, it is extinct.

food chain system in which each plant, animal, or other organism in the sequence feeds upon the one below it. An example of a food chain is plant–plant louse–ladybug–spider–small bird–hawk. Each dash in the food chain means "is eaten by."

food web overlapping food chains in a community

fungi (fun´jī) organisms, such as molds, yeasts, and mushrooms that get food by causing dead organisms to decay

gall an unusual growth or swelling on the leaves, stems, or roots of a plant that can be caused by insects, bacteria, or fungi

habitat (hab´i tat´) the place in an ecosystem where a population lives

host (hōst) the organism a parasite lives in or on

mineral (min´ər əl) a nonliving solid found in nature but not made by plants or animals. Organisms need small amounts of certain minerals to survive.

natural resource—material found in nature that is useful or necessary to living things. Air and water are examples of natural resources.

nematode (nem´ə tōd) a small worm that is round with pointed ends. Some nematodes are parasites, but others are not.

niche (nich) an organism's job or role in the ecosystem

organism (ôr´gə niz´əm) a living thing

oxygen (ok´sə jən) a colorless, tasteless, and odorless gas found in air that is necessary for life

parasite (par´ə sīt´) a living thing

that lives in or on another living thing, taking something from it such as food or water

population (pop´yə lā´shən) a group of the same kind of organisms living in the same place

precycling (prē sī´kling) the process of buying wisely so there is less to recycle. Avoiding products with wasteful packaging is an example of precycling.

predator (pred´ə tər) an animal that kills other animals for food

prey (prā) an animal that is eaten by a predator

producer (prə dü´sər) an organism that uses energy in sunlight to make its own food

recycle (rē sī´kəl) the process of changing something that has been used into something that can be used again

scavenger (skav´ən jər) an animal that gets food by eating dead plants or animals

survive (sər vīv´) to continue to live and stay active

symbiosis (sim´bē ō´sis) a close, cooperative relationship between two different kinds of organisms

water cycle the process by which water changes from solid to liquid to gas and back again. Plants and animals take part in the water cycle by adding water vapor to air.

INDEX

CREDITS